Beiträge zur Indologie

Herausgegeben von Konrad Meisig

Begründet von Ulrich Schneider als
Freiburger Beiträge zur Indologie

Band 28

2005
Harrassowitz Verlag · Wiesbaden

Bernhard Weber-Brosamer
Dieter M. Back

Die Philosophie der Leere

Nāgārjunas Mūlamadhyamaka-Kārikās

Übersetzung des buddhistischen Basistextes mit kommentierenden Einführungen

2., durchgesehene Auflage

2005
Harrassowitz Verlag · Wiesbaden

Bibliografische Information der Deutschen Nationalbibliothek
Die Deutsche Nationalbibliothek verzeichnet diese Publikation in der Deutschen Nationalbibliografie; detaillierte bibliografische Daten sind im Internet über https://dnb.dnb.de abrufbar.

Bibliographic information published by the Deutsche Nationalbibliothek
The Deutsche Nationalbibliothek lists this publication in the Deutsche Nationalbibliografie; detailed bibliographic data are available in the internet at https://dnb.dnb.de.

Informationen zum Verlagsprogramm finden Sie unter
http://www.harrassowitz.de/verlag

Gedruckt auf alterungsbeständigem Papier.
Druck und Verarbeitung: docupoint, Magdeburg
Printed in Germany

ISSN 1432-6949
ISBN 978-3-447-05250-4

INHALT

VORWORT DES HERAUSGEBERS

Dr. Bernhard Weber-Brosamer und Dr. Dieter M. Back legen die erste vollständige deutsche Übersetzung des Sanskrit-Originals von Nāgārjunas Mūlamadhyamaka-Kārikās (abgekürzt MMK) vor und schließen damit eine seit langem empfundene Lücke. Über den engeren Kreis der Indologen und Buddhismuskundler hinaus wird auch eine an Philosophie und Buddhismus interessierte Leserschaft ohne Sanskritkenntnisse diese Übertragung begrüßen. Philosophiegeschichtlich orientierte Einführungen und Anmerkungen zu den einzelnen Kapiteln erleichtern dem Nicht-Spezialisten, der einen Einblick in indisches Denken gewinnen möchte, den Zugang zum Grundwerk des Madhyamaka-Buddhismus, zu Nāgārjunas „Lehrstrophen (*kārikā*) über die grundlegenden (*mūla*) (Lehren) des Mittleren (*madhyamaka*) (Weges)", seiner „Philosophie der Leere" (*śūnyavāda*), die zu einem Eckpfeiler der gesamten — nicht nur buddhistischen, sondern auch hinduistischen — indischen Philosophie werden sollte.

Nāgārjuna, der erste bekannte, auf jeden Fall aber der bedeutendste Lehrer der Philosophie des Mahāyāna-Buddhismus, wirkte in der zweiten Hälfte des dritten Jahrhunderts n.Chr. (nach É. Lamotte [1962]: 70-77; andere Forscher treten für eine frühere Datierung bereits ins zweite Jahrhundert ein, vgl. Seyfort Ruegg [1981]: 4, mit n. 11). Unter seinen zahlreichen Schriften, deren Verfasserschaft zum Teil zweifelhaft ist, gelten die MMK als Nāgārjunas Hauptwerk. Mit ihnen schuf er einen systematischen philosophischen Überbau für die buddhistische Erlösungsethik. Wenn der Urbuddhismus seine Erlösungslehre auf einen Mittleren Weg zwischen den Extremen von Lust und Leid gegründet hatte, so beschreitet Nāgārjuna mit seinem Agnostizismus nun einen Mittelweg zwischen Sein und Nicht-Sein, zwischen Saṃsāra und Nirvāṇa. Er bedient sich dabei einer sophistischen Dialektik, insbesondere der Methode der reductio ad absurdum *(doṣaprasaṅga)*, die sich einander bedingende Gegensätze in der Aporie auflöst und als Illusion, als Māyā, erweist.

Nāgārjunas Thesen sind in manchem zu verstehen als Reaktion auf die Scholastik der zeitgenössischen Hīnayāna-Schulen der Sarvāstivādins und der Sautrāntikas und deren Theorien vom Universum als einem Zusammenspiel von Daseinsfaktoren, den sogenannten Dharmas. Teile der

MMK sind daher in Form eines Dialogs Nāgārjunas mit imaginären Gegnern abgefaßt, welche bestimmte Standpunkte der philosophischen Systeme der damaligen Zeit vertreten, z.B. 1.2, 2.2, 7.4, 7.8 oder Kap. 24.

Mit seinen Lehrstrophen begründete Nāgārjuna die philosophische Schule der Madhyamakas (oder Mādhyamikas), die nach einem ihrer zentralen Axiome, dem der Leerheit, der *śūnyatā*, auch Śūnyatāvāda heißt. Von ihren Vertretern muß hier an erster Stelle Candrakīrti genannt werden, der im siebten Jahrhundert seinen Kommentar „Prasannapadā" (auch „Madhyamakavṛtti") zu Nāgārjunas Grundwerk verfaßte.

Die vorliegende Übersetzung von Nāgārjunas Mūlamadhyamakakārikās ist hervorgegangen aus einem im Jahre 1988 durchgeführten interdisziplinären Projekt unter Leitung von Prof. Dr. Helmut Girndt an der Universität Duisburg (Fach Philosophie). Die Ausgangsbasis dafür bildeten umfangreiche Vorarbeiten von Dr. Dieter M. Back, die eine erste, vorläufige Übersetzung, Bibliographie und Strukturanalysen der MMK umfaßten. Im Verlauf des Projekts wurde dann der Grundtext von Nāgārjunas Lehrstrophen von B. Weber-Brosamer aus dem Sanskrit übersetzt und mit Anmerkungen versehen; die Kapitel-Einführungen, die Nāgārjunas Werk strukturieren und in den Kontext des buddhistischen Lehrgerüsts stellen, wurden von D.M. Back verfaßt (Ausnahme ist das 2. Kapitel). Die endgültige Übersetzung und eine Überarbeitung der Kapitel-Einführungen wurden von B. Weber-Brosamer erst nach Beendigung des Projekts abgeschlossen. Der Sanskritindex und die Literaturhinweise sind vom Herausgeber aus D.M. Backs Notizen und Sammlungen zusammengestellt worden.

Der Übersetzung zugrunde liegt die Textausgabe von de Jong (1977). Darin sind die folgenden Druckfehler zu korrigieren:

7.30c	Statt *bhavaś* lies *bhāvaś*.
8.4d	Statt *kāraṇaṃ* lies *karaṇaṃ*.
10.5a	Statt *'prapto* lies *'prāpto*.
10.6a	Statt *evandhanād* lies *evendhanād*, wie in 10.7a.
10.13b	Statt *an vidyate* lies *na vidyate*.
11.3c	Statt *nirjarā maraṇā* lies *nirjarāmaraṇā*.
15.10b	Statt *nāstity* lies *nāstīty*.
17.17a	Statt *visabhāgānāṃ* lies *viṣabhāgānāṃ*.
24.13	Statt *s. śūnye* lies *sa śūnye*.
25.10b	Statt *vibhavasys* lies *vibhavasya*.

27.10b	Statt *pratyākhyāyāpitaṃ* lies *pratyākhyāyāpi taṃ*.
27.11d	Statt *evam ādi* lies *evamādi*; vgl. Anm. in der Übersetzung.
23.7c	Statt *doṣasya* lies *dveṣasya*; vgl. Anm. in der Übersetzung.

Der richtige Text findet sich in allen genannten Fällen in La Vallée Poussin (1903-1913) und darauf basierend in Vaidya (1960).

Einige Verse der vorliegenden Übersetzung wurden in Meisig (1995): 151-158, vorab veröffentlicht.

Der Herausgeber dankt sehr herzlich Herrn Dr. Hans Wolfgang Schumann, der die Schlußphase der Veröffentlichung mit regem Interesse begleitet hat, und Herrn Professor Dr. Adel-Theodor Khoury für seine freundliche Unterstützung, schließlich auch der VG Wort, welche die Veröffentlichung durch einen ansehnlichen Druckkostenzuschuß ermöglichte.

Mainz, im März 1997 *Konrad Meisig*

ÜBERSETZUNG

Ihn, den völlig Erwachten, den besten aller Lehrer, verehre ich, der die
beglückende, alle Entfaltung (↗*prapañca*) auflösende
Lehre vom abhängigen Entstehen (↗*pratītyasamutpāda*) verkündete,
[die bedeutet:]
Nichtvergehen, Nichtentstehen,
Nichtabbrechen, Nichtandauern,
Nichteinheit, Nichtvielheit,
Nicht-zur-Erscheinung-Kommen, Nicht-aus-ihr-Verschwinden. [1]

Kapitel 1
Bedingung (*pratyaya*)

Nāgārjuna eröffnet sein Hauptwerk gleichsam in traditionell buddhistischer Manier mit der Frage nach den Bedingungen des Seins. Der Pāli-Kanon, von dem aus wir in etwa auf die allgemeine Struktur und den verbindlichen Inhalt buddhistischer Lehre schließen können, läßt diese Lehre mit dem Ereignis des Erwachens des Erhabenen unter dem Bodhibaum in Bodh Gayā beginnen und lehrt gleichzeitig als Inhalt dessen, was den Erhabenen (Bhagavān) zum Erwachten (Buddha) macht, den Lehrsatz vom abhängigen Entstehen (↗*Pratītyasamutpāda*, vgl. Kap. 26).

Nāgārjuna lehnt sich an diese Tradition an, wenn er ebenfalls mit der Bedingtheit alles Seienden beginnt. Er betont nochmals, was grundlegend für die buddhistische Lehre überhaupt ist, daß es keine Erstursache geben kann. Diese Überlegungen stehen hinter der Ablehnung eines ↗Ātman, der nach der Tradition der Upaniṣaden den Urgrund alles Seienden darstellt. In der religiösen Tradition wird von diesem Urgrund oder diesem göttlichen Wesen als Svayaṃbhū gesprochen, d.h. demjenigen, „Der aus sich selbst entstanden ist". Diese Theorie von einem Urgrund als einer Erstursache lehnt Nāgārjuna schon im ersten Vers ab. Damit ist von vornherein klar, daß Nāgārjuna keine Philosophie vertritt, die auf dem Prinzip der Kausalität aufbaut. Der Kausalität kommt nur eine untergeordnete Rolle zu, d.h. in einem kleinen, abgegrenzten Bereich.

Der Widerspruch, an dem sich Nāgārjuna bei seinen Glaubensgenossen stößt, besteht darin, daß sie auf der einen Seite einen pluralistischen Realismus ver-

1 Zu diesem Widmungsvers s. Kapitel 18 sowie 5.8d.

treten, d.h. die ↗Dharmas sind real existierende Größen, haben also ein Eigensein, bzw. ein eigenes Wesen (↗*svabhāva*), sollen aber andererseits nicht selbstentstanden sein, sondern in einem Abhängigkeitsverhältnis (↗*pratyaya*) zueinander stehen, sich gegenseitig hervorbringen und wieder vergehen lassen. Zu diesem Zweck wurde die Theorie von den vier Bedingungen (nach dem Pāli-↗Abhidharma sind es sogar vierundzwanzig) entwickelt. Mit Hilfe dieser vier (s. Vers 2) soll das ganze Gebäude der Dharmatheorie getragen werden. Mit diesem Widerspruch jedoch zwischen Sein (↗*bhāva*) und Bedingung (*pratyaya*) setzt sich Nāgārjuna in diesem Kapitel auseinander. Zuerst untersucht er, was Bedingung, bzw. Bedingtheit seinem Wesen nach bedeutet (Verse 3-6); danach widerlegt er die einzelnen vier Bedingungen in den Versen 7-10. Die letzten vier Verse (11-14) sind dem Bedingten, also dem Ergebnis gewidmet. Von welcher Seite man die Sache betrachtet, vom Ergebnis her oder von den Bedingungen her, eine Beziehung zwischen einer Bedingung und einem Bedingten ist nicht herzustellen. Damit wird für das Denken Nāgārjunas folgendes deutlich:

1. Sein Seinsbegriff ist absolut, umfassend und statisch. Daraus folgt,
2. daß ein Werden (↗*bhava*) und damit jede Veränderung eines Seienden für ihn völlig ausgeschlossen ist.

Dies wird — wie sich im Laufe der Argumentation innerhalb der MMK zeigen wird — gravierende Konsequenzen für den buddhistischen Heilsweg haben.

1.1 Nirgends und niemals findet man Dinge, entstanden
— aus sich
— aus anderem
— aus sich und anderem zusammen
— ohne Grund (d.i. weder aus sich noch aus anderem). [→ 4.2; 12.10]

[Einwand:]

1.2 [Aber nach der Lehrtradition] gibt es [doch] vier [Arten von] Bedingtheit (*pratyaya*) [für das Entstehen der Dharmas]:
(1) einen Grund, aus dem sie hervorgehen (*hetu*),
(2) das, worauf sie sich stützen (*ārambaṇa*),
(3) etwas, das ihnen unmittelbar vorausgeht (*anantara*),
(4) etwas, das ihnen übergeordnet ist [und wovon sie abhängen] (*ādhipateya*).
Eine fünfte [Weise der] Bedingtheit gibt es nicht. [→ 1.7-10][2]

2 Vgl. Vasubandhus *Abhidharmakośa* (AK), ed. La Vallée Poussin, Kap. 2.61-62.

[Nāgārjuna:]

I. [Bedingungen im allgemeinen]

1.3 In so etwas wie Bedingungen (*pratyaya*) ist Eigensein (*svabhāva*) von Dingen bekanntlich[3] nicht zu finden. Findet sich aber kein Eigensein, dann [auch] kein Anderssein (*parabhāva*). [→ 15]

1.4 Wirkkraft (*kriyā*) hat [wenn sie tatsächlich existiert] keine Bedingungen; Wirkkraft ist [aber auch] nicht ohne Bedingungen. — Und andererseits existieren Bedingungen weder ohne Wirkkraft noch mit Wirkkraft.

1.5 Sie heißen — so sagt man — Bedingungen, weil, abhängig von ihnen, [etwas] entsteht. — Aber sind sie nicht vielmehr Nicht-Bedingungen, solange nichts durch sie entsteht?

1.6 Weder für eine nicht-existierende noch existierende Sache trifft eine Bedingung zu: Wenn etwas nicht existiert, wessen ist dann die Bedingung? Wenn es existiert, wozu dann noch eine Bedingung?

II. [Zurückweisung des Einwandes von Vers 2]

1.7 Wenn sich weder ein existierender, noch ein nicht existierender, noch ein zugleich existierender und nicht existierender Dharma entfaltet, welche Bedeutung könnte dann nämlich, bei dieser Sachlage, ein Grund (↗*hetu*) haben, der ihn entfaltet?

1.8 Es wird gelehrt, daß dieser [konkrete] Dharma [als psychischer Prozeß] auch unabhängig von seiner [Objekt-]Stütze existiert.[4] Wenn aber der Dharma ohne Stütze existiert, warum dann noch die Stütze?[5]

1.9 Wenn Dharmas nicht entstanden sind, ist [auch deren] Vernichtung (*nirodha*) nicht möglich. Deswegen trifft [die Bedingung] eines unmittel-

3 „*hi* is used as a technical term to indicate something which is logically or empirically obvious, in no need of further elaboration... it provides the *saṃvṛti*-basis for arguments *paramārthataḥ*." Lindtner, *Nagarjuniana* (1982): 26, n. 79, mit Stellenbelegen aus den MMK.

4 Die ↗Akutobhayā, der älteste Kommentar zu den MMK, zitiert hier die Prajñāpāramitā mit einem Buddhawort; s. Walleser (1911): 12.

5 Wenn also tatsächlich ein psychischer Prozeß/das Erkennen (*vijñāna*) auch real ist ohne seine Stütze, d.h. ohne das Sinnesobjekt, das den Prozeß des Erkennens trägt, dann wäre der psychische/mentale Dharma in der Tat unabhängig und nicht bedingt.

bar Vorausgehenden (*anantara*) nicht zu. Und welche Bedingung könnte in etwas Vernichtetem liegen?

1.10 Weil die Existenz von Dingen ohne Eigensein nicht zu finden ist, trifft auch der Satz nicht zu: „Wenn dieses existiert, wird jenes".[6]

III. [Bedingtes im allgemeinen]

1.11 Weder in einzelnen noch in miteinander verbundenen Bedingungen existiert die Frucht. Aber wie könnte aus Bedingungen etwas werden, was nicht [schon] in ihnen liegt?

1.12 Doch falls, obgleich sie nicht in ihnen existiert, die Frucht sich aus Bedingungen entwickelt, warum dann nicht, daß sie aus Nicht-Bedingungen entsteht?

1.13 Eine Frucht besteht aus Bedingungen; die Bedingungen aber bestehen nicht aus sich selbst.[7] Wie sollte eine Frucht wohl aus Bedingungen bestehen, die [ihrerseits] nicht aus sich selbst bestehen?

1.14 Deshalb besteht eine Frucht weder aus Bedingungen noch aus Nicht-Bedingungen. Gibt es aber keine Frucht, wo findet man [denn dann] Bedingungen und Nicht-Bedingungen?

6 Sanskrit *satīdam asmin bhavati*, vgl. zu dem Zitat z.B. die Pāli-Tradition, Majjhima-Nikāya (MN) 2.32[6]: *imasmiṃ sati idaṃ hoti*. Mit dieser Formel allgemeinster Bedingtheit hat der Buddha den Pratītyasamutpāda charakterisiert. Indem auch diese Bedingung zurückgewiesen wird, schließt Nāgārjuna auch *ādhipateya-pratyaya* aus. Doch verwirft Nāgārjuna hier natürlich nicht den Pratītyasamutpāda, wie er ihn versteht, sondern er wendet sich einzig gegen die Lehre des Abhidharma, wonach das bedingende Element durchaus ein realer, aus sich selbst heraus existierender Dharma sei. Wenn also der erste Teil des überlieferten Zitats („wenn dieser existiert", *asmin sati*) im Sinne einer mit „Eigensein" (*svabhāva*) verbundenen Existenz verstanden wird, dann widerspricht dies — wie in den Versen 3 und 5 ausgeführt — der Funktion dieses angeblich selbständigen Dharma, zugleich Bedingung zu sein. Denn nur unter der Voraussetzung, daß alle Dharmas leer (*śūnya*) sind, wird nach dem Verständnis Nāgārjunas der Pratītyasamutpāda sinnvoll.

7 *svayaṃ-maya*, wörtl.: „aus sich selbst gemacht"; offenbar ist dies gleichbedeutend mit „Eigensein (*svabhāva*) habend". Nāgārjuna stellt hier also wiederum die Existenz der Bedingung in Frage (vgl. die Anm. zu 1.10).

Kapitel 2
Das Gegangene und Nicht-Gegangene (*gatāgata*)

Hatte das erste Kapitel die Welt der ↗Dharmas als statische betrachtet, so behandelt das zweite Kapitel deren dynamischen Aspekt. Am Beispiel des Gehens will Nāgārjuna zeigen, daß Bewegung im Raum, so selbstverständlich sie uns als empirisches Phänomen erscheinen mag, nicht ohne Widersprüche beschreibbar ist.

Vor allem auch wegen des naheliegenden Vergleichs mit den berühmten Argumenten Zenons gegen Bewegung haben westliche Interpreten dem Kapitel besondere Aufmerksamkeit geschenkt. Allerdings sind vor diesem Hintergrund die Deutungen größtenteils mißglückt, denn im Gegensatz zu den Griechen orientiert sich Nāgārjuna weniger am mathematisch-physikalischen Aspekt der Bewegung als an der Frage, wie sie in (sprachlichen) Konzepten darstellbar sein kann.

Zunächst soll kurz der Inhalt des Kapitels vorgestellt werden. Für seine Analyse geht Nāgārjuna von drei Komponenten des Gehens aus:

(1) Der Raum, der durchschritten wird, das „Zu-Begehende" (*gantavya*).
(2) Ein Subjekt, das geht, also ein „Geher" (*gantṛ*)
(3) Das „Gehen" selbst (*gamana*/↗*gati*)[8]

Die zu durchschreitende Strecke wird ihrerseits in drei Abschnitte gegliedert:

(1) Das bereits Gegangene (*gata*)
(2) Das gegenwärtig Begangene (*gamyamāna*)
(3) Das noch nicht Gegangene (*agata*)

Das Kapitel ist klar gegliedert und widmet sich nacheinander den folgenden Fragen:

I Wo wird gegangen (die zu begehende Strecke)?
II Wer geht (das Subjekt des Gehens)?

8 Ganz offensichtlich werden die Termini *gamana* und ↗*gati* in den Versen als Synonyme gebraucht. Die Unterscheidung hat lediglich prosodische Gründe, was vor allem gegen Ende des Kapitels deutlich wird, wo *gati* weitaus häufiger erscheint als am Anfang. Dort nämlich galt es, einen Genitiv zu bilden, der bei *gati* um zwei Siben kürzer ausfällt (*gateḥ*) als bei *gamana* (*gamanasya*). Candrakīrti hält die Begriffe jedoch auseinander und gibt ihnen einen leichten Bedeutungsunterschied, den May für „malaisée a preciser et à rendre" hält (May [1959]: 57, n. 26). Man könnte — nach den Suffixen — formal wie folgt unterscheiden: *gamana* = „das Gehen als solches", *gati* = „der Akt des Gehens". Hält man diese Trennung aufrecht, wie das etwa Siderits und O'Brien tun (1976), wird die Interpretation des ohnehin schwierigen Kapitels unnötig erschwert, wenn nicht falsch.

III Hat Gehen Anfang und Ende?
IV In welchem Verhältnis stehen Geher und Gehen?

ad I: Was die auf das Gehen bezogene Strecke anlangt, schließt Nāgārjuna aus, daß aktuelles Gehen — und nur dieses hat er im Blick — in der bereits gegangenen (*gata*) oder der noch nicht gegangenen Strecke (*agata*) stattfinden könnte; hier stimmt auch ein in Vers 2 zitierter fiktiver Gegner zu. Dieser allerdings ist sicher, das Gehen an der gegenwärtig begangenen Strecke (*gamyamāna*) festmachen zu können. Daß sich eine solche jedoch überhaupt eingrenzen läßt, wenn die beiden anderen Abschnitte (*gata* und *agata*) außer Betracht bleiben, weil auf ihnen kein aktuelles Gehen stattfindet, hatte Nāgārjuna bereits im ersten Vers ausgeschlossen. Wird aber (mit dem Gegner) hypothetisch ein Bezug des Gehens zur jetzt aktuell begangenen Strecke angenommen, so führt dies zur Aporie eines zweifachen Gehens: Einem Gehen nämlich, das die begangene Strecke als solche konstituiert und definiert (als deren Wesensmerkmal, ↗*lakṣaṇa*) und einem anderen Gehen, das auf dieser Strecke dann stattfinden soll.

ad II: Ähnlich argumentiert Nāgārjuna hinsichtlich der Frage, ob es ein Agens des Gehens, also einen ‚Geher', geben könne. Per definitionem ist ja ein Geher untrennbar mit Gehen verbunden. Dennoch ist eine Aussage wie „Der Geher geht" unsinnig, denn zum einen ist sie tautologisch, zum anderen erschiene auch hier das Gehen zweifach: Das eine Gehen konstituiert den Geher, das andere Gehen führt dieser dann aus. Ein ‚Nicht-Geher' — das versteht sich — geht indessen auch nicht. Die Frage schließlich, ob es einen Dritten geben könnte, der als Geher und zugleich Nicht-Geher geht, muß natürlich ebenfalls verneint werden.

ad III: Da nun nach Nāgārjunas Argumentationsweise, die ganz am Begrifflichen orientiert ist, die drei räumlichen Abschnitte gleichermaßen durch das Gehen definiert sind (das „Gegangene" usw.), kann er in keinem der Abschnitte jenen Punkt ausmachen, an dem das Gehen erst beginnt bzw. dann aufhört. Somit aber wird das Gehen, da es ja nirgends beginnt, nichtig. Ist dieses verschwunden, verlieren auf der anderen Seite auch die räumlichen Abschnitte ihr konstituierendes Merkmal, was sie ununterscheidbar macht. Dasselbe gilt auch für das Stehenbleiben, das Aufhören des Gehens: Der Geher bleibt natürlich nicht stehen, denn dann wäre er ja kein Geher, aber der Nicht-Geher, der gar nicht gegangen ist, kann ebensowenig stehen bleiben. Gehen, Anfang und Ende des Gehens, sind also ununterscheidbar, sie sind gleich, womit sich das Gehen als Illusion erweist.

ad IV: Schließlich untersucht Nāgārjuna noch das Verhältnis von Geher und Gehen. Identisch können die beiden nicht sein, denn Agens (‚Täter') und Akt (‚Tat') können nicht dasselbe sein (s. Kap. 10). Daß sie jedoch unterschieden sind — und damit nichts miteinander zu tun haben —, auch diese Möglichkeit führt ins Absurde. Dem Gehen fehlte dann das notwendige Subjekt (der Geher), und der Geher hätte sein konstituierendes Merkmal (das Gehen) verloren. Im

Hintergrund steht die Überzeugung, daß das, was getrennt ist, in keiner Weise verbunden werden kann.

Und weiter: Welches Gehen könnte ein Geher denn ausführen? Das eine, das ihn selbst konstituiert, kann er nicht gehen, denn bevor er das nicht hat, ist er gar kein Geher. In diesem Falle gäbe es also weder den Geher (weil es den nicht vor dem Gehen gibt) noch das Gehen (weil dieses Gehen für die Konstitution des Gehers benötigt wird). Man könnte also lediglich die absurde Leerformel „Irgendeiner (nicht ein Geher!) geht irgendetwas (nicht ein Gehen!)" (Vers 22). Folglich müßte er eine zweite Art von Gehen, nämlich das Gehen als solches, durchführen, womit er dann jedoch mit zweifachem Gehen ausgestattet wäre (mit dem Gehen, das ihn konstituiert, und mit dem Gehen als solchem) — so etwas ist bei einem einzelnen Geher aber nicht möglich. In den beiden Schlußversen spricht Nāgārjuna dann sogar von einem dreifachen Gehen. Diese drei müssen gemeint sein:

(1) Das Gehen, das die begangene Strecke konstituiert
(2) Das Gehen, das den Geher konstituiert
(3) Das Gehen als solches

Mit der vollständigen Verneinungsformel, daß weder ein existierender, noch ein nicht existierender, kein zugleich existierender und nicht existierender Geher dieses „dreifache Gehen" ausführt, und mit der Bemerkung, weder Gehen, noch Geher, noch zu gehende Strecke sei folglich zu finden, beendet Nāgārjuna das Kapitel.

Schon mit seiner (Standard-)Formulierung: „ist nicht zu finden" (*na vidyate*), macht Nāgārjuna eines deutlich: Ihm geht es nicht um das empirische Phänomen ‚Gehen', sondern um die Tatsache, daß mit den Mitteln unserer Sprache die Suche nach der Wirklichkeit hinter dem Phänomen scheitern muß, daß die gewöhnliche Sprache, und damit auch das diskursive Denken, den wahren Sachverhalt nicht erfassen bzw. wiedergeben kann. Es geht ihm in erster Linie also nicht um die Wirklichkeit, sondern um unsere Konzepte von der Wirklichkeit. Erst in einem zweiten Schritt, der zumindest in diesem Kapitel allenfalls implizit ist, betreffen seine Aussagen auch die außersprachliche Ebene. Wo immer man mit einer kritischen Sprachanalyse ansetzt, so will Nāgārjuna suggerieren, tun sich Absurditäten und Aporien auf, die letztlich eben doch an der wahren Existenz eines Sachverhaltes zweifeln lassen. Womit denn, mag aus seiner Sicht gefragt werden, wenn nicht mit unserer Sprache, bzw. dem immer schon sprachlich formierten Denken, könnte ein Sachverhalt sonst noch erfaßt werden? Im übrigen ist gerade dieses Vertrauen in eine Isomorphie von Sprache und Wirklichkeit ein Charakteristikum altindischen Denkens überhaupt.

Nun dürfen wir, um seine Argumente verstehen und beurteilen zu können, natürlich nicht von unserer abendländischen Anschauung ausgehen, sondern müssen die Ansichten seiner Adressaten, der Abhidharma-Theoretiker, kennen. Im zweiten Kapitel betrifft dies vor allem die sogenannte *lakṣaṇa*-Theorie der

Sarvāstivādins, nach welchen „alles ist“ (*sarvam asti*), was in allen drei Zeiten mit einem konstituierenden Wesensmerkmal, einem *lakṣaṇa*, versehen ist.[9] In der Sprache drücken sich solche Wesensattribute als Definitionen aus,[10] oder anders: Sie finden sich in der Etymologie eines Wortes. Nāgārjuna findet also offensichtlich die Ansicht vor, eine begangene Strecke und auch ein Geher seien tatsächlich existent, da sie beide durch Gehen definiert werden können: Auf der einen Seite sind ‚Substanzen‘, auf der anderen ist ein ‚Attribut‘, nämlich das in der Sanskrit-Wurzel √*gam* ausgedrückte Bewegungsattribut ‚Gehen‘. Zu zeigen, daß eine solche von der Sprache bzw. dem Denken vorgenommene Unterscheidung in Widersprüche führt, ist das Hauptanliegen dieses Kapitels.

So könnte man ja das, was das Denken als ‚Attribut‘ einer ‚Substanz‘ zuordnet, formal gesehen ebenso auch von der Substanz trennen. Was aber bleibt dann als ‚Substanz‘ noch erhalten? — Dieser Frage widmet sich Vers 4:

> 2.4 Ist aber jeweils gegenwärtig Begangenes bezogen auf [ein von ihm unterschiedenes] Gehen, so folgt daraus, daß es ein gegenwärtig Begangenes [auch] ohne Gehen gibt. [Das aber ergibt keinen Sinn, denn] ‚Gegenwärtig Begangenes‘ (*gamyamāna*) bedeutet ja: ‚es wird gegangen‘ (*gamyate*).

Sein Argument beruht auf der Sanskrit-Grammatik: Das Wort *gamyamāna* ist ein aus der Wurzel √*gam* gebildetes Partizip Präsens Passiv (wörtl. also: das Gegangen-Werdende); diesem entspricht die Verbform *gamyate* („es wird gegangen“). Von einer zugrunde gelegten Substanz wird also ausgesagt: „wird gegangen“; das aber ist das einzige, was von ihr auszusagen ist, es ist die Definition dieser ‚Substanz‘, ihr Wesensmerkmal. Zöge man nun die Wurzel √*gam*, das Gehen, aus dem Begriff heraus, würde er leer werden; ohne ihr ‚Attribut‘ hat diese ‚Substanz‘ keinen Selbststand, kein *svabhāva* (Eigensein), ist also nichtig.

Dasselbe gilt auch für die ‚Substanz‘ „Geher“:

> 2.9 Kann man denn wirklich sagen, „der Geher geht“, wenn es ohne Gehen den Geher überhaupt nicht gibt?

> 2.10 Wer [dennoch] die Meinung vertritt [es sei richtig zu sagen] „der Geher geht“, und damit ein Gehen des Gehers verlangt, der muß notwendig auch einen Geher ohne Gehen verlangen.

Ein Geher ist, wer geht. Bei dem Satz, „Der Geher geht“, steckt das Prädikat also bereits im Subjekt — der Satz ist tautologisch (Vers 9). Andererseits müßte, wenn der Satz sinnvoll wäre, das Prädikat vom Geher auch getrennt werden

9 Nāgārjuna geht auf diese Theorie thematisch dann erst im fünften Kapitel ein.
10 Dazu Siderits/O’Brien (1976): 293. Murti (1955): 189ff.

können. Weil Nāgārjuna die Unsinnigkeit einer solchen Operation für den Begriff *gamyamāna* bereits gezeigt hatte, muß er das an dieser Stelle gar nicht mehr ausführen.

Wenn für die ‚Substanz' gilt, daß sie ohne das ‚Attribut' nichts ist, so gilt das umgekehrt natürlich auch für das ‚Attribut' in Hinsicht auf die ‚Substanz'. Die beiden stehen in wechselseitiger Abhängigkeit, was an ihrer tatsächlichen Existenz zweifeln läßt. Dies wird in Vers 7 auf die folgende Formel gebracht:

> 2.7 Wenn es das Gehen unmöglich ohne einen Geher gibt, woher käme dann [auch umgekehrt] — wenn das Gehen nicht existiert — ein Geher?

In solch tautologischen Sätzen wie „Das gegenwärtig Begangene wird gegangen" (*gamyamānam gamyate*) oder „Der Geher geht" (*gantā gacchati*) steckt nun — und auch dies ist aus der Sprache geschlossen — jenes merkwürdige mehrfache Gehen, weil bei allen am Gehen beteiligten Komponenten in Gestalt der konstituierenden Wurzel √*gam* das Gehen schon vorkommt: Der Akteur hat ein Gehen, die Strecke hat ein Gehen, und als die eigentliche Handlung erscheint es schließlich noch einmal im Prädikat. Dieses mehrfache Gehen könnte man ja hinnehmen, wie es jener Gegner tut, den Candrakīrti vor Vers 6 einwenden läßt: „Möge das Gehen doch zweifach sein, wo liegt da der Fehler?" (*bhavatu gamanadvayaṃ, ko doṣa iti*), folgte daraus nicht ein unendlicher regressus in infinitum, weil ja nun jede Art dieses Gehens einen weiteren Geher und eine weitere zu gehende Strecke fordert (ohne diese beiden gibt es kein Gehen); das aber führt dann zu einem erneuten mehrfachen Gehen usw. ad infinitum (angedeutet in Vers 6).

Nāgārjunas Gehen-Paradox — dies sollte deutlich geworden sein — entsteht also vornehmlich durch logische Analyse des sprachlich formierten Denkens, und nicht z.B. — wie auch angenommen wurde — aufgrund einer unzulässigen physikalischen Verdinglichung des Attributs Gehen.[11] Ebensowenig ist ein Vergleich mit Zenons Paradoxa für das Verständnis dieses Kapitels hilfreich, auch wenn eine Gegenüberstellung der Argumente auf den ersten Blick durchaus reizvoll erscheinen möchte.[12] Immerhin sind beide von dem Motiv bestimmt, ein im Falle von Zenon durch die Pythagoräer, im Falle von Nāgārjuna durch die Abhidharmalehre vorgegebenes pluralistisches Weltbild zu widerlegen, und beide bedienen sich dabei einer in Grundzügen vergleichbaren Methode, einer

11 Betty (1983): 125, (1984): 447. Dazu Loy (1984): 438. Daß eine solche Reifizierung gerade von den Theoretikern des Abhidharma, und damit auch von Nāgārjuna, der sich ja auf deren Ansichten bezieht und sie attackiert, tatsächlich vorgenommen wurde, ist zwar in gewisser Weise richtig, bildet jedoch nicht den Kern seiner Argumentation.

12 Versuche in dieser Richtung wurden von Murti (1933) und (1955): 178ff., Apte (1971): 56, Siderits/O'Brien (1976), McEvilley (1981): 143f, 154 und Mabbett (1984) unternommen.

„negativen Dialektik“, die auf „Dichotomie-Dilemma-Mustern“ beruht.[13] Die Unterschiede aber sind grundsätzlicher Natur. Sie liegen nicht sosehr im Ergebnis, wie Murti glaubt, der Nāgārjuna für den „truer dialectician“ hält, da er im Gegensatz zu Zenon auch den Stillstand noch zurückgewiesen habe,[14] denn diese Ansicht geht nicht auf den Text Nāgārjunas zurück, sondern auf den Kommentar Candrakīrtis (zu den Versen 15 bis 17), vielmehr unterscheidet sich die Ebene des Argumentierens: Zenon bedient sich mathematischer Operationen, um Bewegung in einem konkreten Raum und einer konkreten Zeit ad absurdum zu führen, Nāgārjuna bedient sich der Sprache, genauer: der Sanskrit-Grammatik, um zu zeigen, daß die Konzepte von der Wirklichkeit auf diese nicht anwendbar sind, wobei dann — eine Isomorphie von Sprache und Wirklichkeit zugrunde gelegt — implizit auch die reale Welt berührt wird. Die Anstrengungen von Siderits und O'Brien (1976), auch bei Nāgārjuna die mathematischen Argumente zu finden, wirken wenig überzeugend, denn nur am Rande bezieht auch er sich auf Raum und Zeit betreffende Vorstellungen. So z.B. im ersten Vers: Läßt man bei einer zu gehenden Strecke das bereits Gegangene und das noch nicht Gegangene weg, bleibt kein Raum, keine Zeit mehr übrig, um aktuell gehen zu können. Das Argument richtet sich offenbar an die ↗Pudgalavādins unter den Abhidharma-Anhängern, die, um Bewegung möglich erscheinen zu lassen, eine Art „dicke Gegenwart“ fordern.[15] Ansonsten spielt die *aṇu*- und *kṣaṇa*-Theorie von den Raum- und Zeitatomen bei Nāgārjuna selbst kaum eine Rolle. Allenfalls benutzt die Prasannapadā des Candrakīrti — oft in wohlmeinender Überinterpretation Nāgārjunas — solche Argumente; es scheint, als habe er dessen Sprach-Analyse zusätzlich stützen wollen.

Indem Nāgārjuna zunächst nur das Gehen als nichtiges Phänomen erweisen will, hat er doch gewiß auch Weitergehendes im Sinn. Zum einen läßt sich ja mit der Bewegung des Gehens jede andere Bewegung und Entwicklung, z.B. die von der Ursache zur Wirkung, gleichsetzen, um sie ebenfalls als Illusion verwerfen zu können. Zum anderen, und dies scheint das eigentliche Anliegen des Kapitels zu sein, hat er die gegenseitige Abhängigkeit vermeintlicher ‚Substanzen‘ und ‚Attribute‘ zeigen wollen. In späteren Kapiteln setzt er oftmals die Kenntnis der hier angewandten Methode und des erzielten Ergebnisses voraus. Er kann dann auf ausholende Argumente verzichten und auf dieses zweite Kapitel verweisen (z.B. in 3.3, 7.14, 16.7).

13 Robinson (1967): 44, McEvilley (1981): 141.

14 Murti (1933): 155, (1955): 182.

15 Siderits/O'Brien (1976): 293.

I. Die zu begehende Strecke

2.1 Das [bereits] Gegangene wird nicht gegangen;[16] ebensowenig wird das [noch] Nicht-Gegangene gegangen. Getrennt vom Gegangenen und Nicht-Gegangenen, wird auch das gegenwärtig Begangene nicht gegangen.[17]

[Einwand:]

2.2 [Aber man nimmt doch Bewegung wahr, und] wo Bewegung ist, ist Gehen. Und weil sich Bewegung im gegenwärtig Begangenen, nicht im Gegangenen und nicht im Nicht-Gegangenen vollzieht, findet im gegenwärtig Begangenen auch das Gehen statt.

[Nāgārjuna:]

2.3 Wird also [wie du sagst] das Gehen [nur] bezogen auf gegenwärtig Begangenes stattfinden, da gegenwärtig Begangenes [seinerseits] nicht ohne Gehen möglich ist?[18]

2.4 Ist aber jeweils gegenwärtig Begangenes bezogen auf [ein von ihm unterschiedenes] Gehen, so folgt daraus, daß es ein gegenwärtig Begangenes [auch] ohne Gehen gibt. [Das aber ergibt keinen Sinn, denn] ‚Gegenwärtig Begangenes' (*gamyamāna*) bedeutet ja: ‚es wird gegangen' (*gamyate*).[19]

16 Zu *tāvat* vgl. Lindtners Beobachtung, daß „*tāvat* always indicates the first of two (equally absurd) alternatives." *Nagarjuniana* (1982): 26, n. 79. *tāvat* auch in MMK 2.1; 2.8; 2.16; 7.20; 7.30; 12.8; 16.8; 18.10; 25.4; 27.26.

17 Zu allen drei Strecken heißt es parallel *na gamyate* („wird nicht gegangen"). Schon der tibetische Übersetzer gibt dem dritten *gamyate* jedoch die Bedeutung „wird (nicht) wahrgenommen" — und die meisten modernen Übersetzer folgen diesem Beispiel. In der Tat könnte *gamyate* diesen Sinn haben, besonders in der Verbindung mit dem Präfix *ava*. Es erscheint jedoch angesichts der ansonsten sehr strengen Systematik Nāgārjunas unwahrscheinlich, daß er sich hier ein solches Wortspiel erlaubt. Im übrigen zitiert Candrakīrti im Kommentar zu MMK 10.13 diesen Vers (s.u. Anm. dazu), ersetzt jedoch „Gehen" jeweils durch „Brennen". Der Schluß des Verses lautet dort: „... auch das gegenwärtig Verbrennende (wird) nicht *verbrannt*".

18 Mit dieser rhetorischen Frage, die ein „Ja" als Antwort erwartet, interpretiert Nāgārjuna den Einwand des Gegners als Aufweis eines gegenseitigen Abhängigkeitsverhältnisses von Gehen und gegenwärtig begangener Strecke/Zeit, also von *gamana/gati* und *gamyamāna*: Zum einen besteht aktuelles Gehen nur in Bezug zur gegenwärtigen Strecke, zum anderen aber ist eine solche Strecke nur durch das Gehen definiert bzw. konstituiert (sämtliche verwendeten Termini sind ja Ableitungen der Wurzel √*gam* = „gehen").

19 Auch diesem *gamyate* geben einige Übersetzer den Sinn „wird erkannt" (s. Anm. 17).

2.5 [Und fernerhin:] Ist gegenwärtig Begangenes bezogen auf [ein von ihm unterschiedenes] Gehen, so folgt daraus ein zweifaches Gehen: Ein Gehen, durch welches das gegenwärtig Begangene [zum gegenwärtig Begangenen] wird, und das Gehen als solches. [→ 11, 23]

2.6 [Und letztlich:] Aus der Verdoppelung des Gehens folgen notwendig zwei Geher; denn ohne einen Geher gibt es unmöglich ein Gehen.

II. Das Subjekt des Gehens

2.7 Wenn es das Gehen unmöglich ohne einen Geher gibt, woher käme dann [auch umgekehrt] — wenn das Gehen nicht existiert — ein Geher?

2.8 Und sofern der Geher nicht geht, geht auch der Nicht-Geher nicht. Welcher Dritte geht aber dann, der weder Geher noch Nicht-Geher ist?

2.9 Kann man denn wirklich sagen, „der Geher geht“, wenn es ohne Gehen den Geher überhaupt nicht gibt? [→ 16]

2.10 Wer [dennoch] die Meinung vertritt [es sei richtig zu sagen], „der Geher geht“, und damit ein Gehen des Gehers verlangt, der muß notwendig auch einen Geher ohne Gehen verlangen. [→ 4]

2.11 Und wenn nun ein Geher geht, so folgt notwendig ein zweifaches Gehen: Eines, das ihn als ‚Geher‘ charakterisiert; ein anderes, das er als Geher geht.

III. Anfang und Ende des Gehens

2.12 Weder beginnt man im [bereits] Gegangenen zu gehen, noch im [noch] nicht Gegangenen und auch nicht im gegenwärtig Begangenen. Wann also beginnt man zu gehen?

2.13 Weder das gegenwärtig Begangene noch das [bereits] Gegangene liegt vor dem Beginn des Gehens. Wo also könnte das Gehen beginnen? — Etwa beim [noch] nicht Gegangenen?

2.14 Wie aber unterscheidet man das [bereits] Gegangene, das gegenwärtig Begangene und das [noch] nicht Gegangene, wenn der Beginn des Gehens in allen [dreien] nicht zu erkennen ist?

2.15 So wie der Geher [per definitionem] nicht stehen bleibt, bleibt auch der Nicht-Geher nicht stehen. Welcher Dritte aber bliebe dann stehen, der weder Geher noch Nicht-Geher ist? [→ 8]

2.16 Kann man denn wirklich sagen, „der Geher bleibt jetzt stehen", wenn es doch ohne Gehen den Geher überhaupt nicht gibt? [→ 9]

2.17 Weder bleibt [der Geher] nach dem gegenwärtig Begangenen, noch nach dem [schon] Gegangenen, noch nach dem [noch] Nicht-Gegangenen stehen. Gehen, Beginnen und Enden des Gehens fallen in eins [weil ununterscheidbar].

IV. Das Verhältnis von Geher und Gehen

2.18 Die Aussage, „das Gehen ist dasselbe wie der Geher", trifft ebensowenig zu wie die Aussage, „der Geher ist etwas anderes als das Gehen".

2.19 Träfe es nämlich zu, daß Gehen und Geher dasselbe sind, so folgte daraus das Eins-Sein (*ekībhāva*) von Täter und Tat.

2.20 Unterscheidet man aber und sagt, ‚Gehen' sei etwas anderes als ‚Geher', so existierte ein Gehen ohne Geher und ein Geher ohne Gehen.

2.21 Weder mit Einssein noch Unterschiedensein (*nānābhāva*) wird, bezogen auf jene beiden, ein befriedigendes Ergebnis (*siddhi*) erlangt. Wie aber kommt man dann zu einem Ergebnis?

2.22 Das Gehen, durch welches sich der Geher [als solcher] offenbart, dieses Gehen geht der Geher nicht. Und weil er [als solcher] vor dem Gehen gar nicht existiert, [müßte man statt, „der Geher geht das Gehen", sagen:] „Irgendeiner geht irgendetwas" [— und das gibt keinen Sinn].

2.23 Ein von jenem Gehen, durch welches sich der Geher [als solcher] offenbart, verschiedenes Gehen [kann] er indessen auch nicht gehen, weil ein zweifaches Gehen unmöglich ist, wenn es nur einen Geher gibt.

V. Ergebnis

2.24 Ein tatsächlich existierender Geher geht [also] kein dreifaches Gehen, noch geht ein nicht existierender Geher ein dreifaches Gehen.

2.25 Ebensowenig geht ein zugleich existierender und nicht existierender [Geher] ein dreifaches Gehen. Deshalb sind weder ein Gehen, noch ein Geher, noch ein zu Begehendes (*gantavya*) zu finden.

Kapitel 3
Das Sehvermögen usw. (*cakṣurādi*)

Das Ergreifen (*upādāna*) des Gegenstandes durch die Sinnestätigkeiten

Das Kapitel über die Sinnestätigkeiten schließt folgerichtig an das vorangegangene an. Wurde in jenem die Bewegung am Beispiel des Gehens anhand einer Sprachanalyse untersucht, so wird nun hier die dort angewandte Methode und ihre prinzipiellen Ergebnisse auf die Tätigkeit der Sinne (↗*indriya*) übertragen. Dabei steht die Tätigkeit des Sehens (*darśana*) exemplarisch für die Tätigkeiten der Sinne im allgemeinen, zu denen außer den fünf, die auch unsere Tradition kennt, als sechste Sinnestätigkeit das Denken (↗*manas*) gehört. Der von Nāgārjuna im Kapitel 3 exemplarisch für alle sechs Sinne entwickelte Argumentationsgang läuft im Wesentlichen darauf hinaus, eine an und für sich bestehende Sinnestätigkeit — und mit ihr verbunden Subjekt und Gegenstand derselben — könne ebensowenig existieren wie das zuvor als undenkbar erwiesene substantielle Gehen.

Vom Vers 3.7 ab erweitert Nāgārjuna allerdings seine Argumentation über die sechs Sinnesfähigkeiten hinaus auf die restlichen vier Konstitutionsmomente (↗*skandha*) der Persönlichkeit (↗*pudgala*). Nāgārjunas Absicht im vorliegenden Kapitel wird nun deutlich: Wenn die zu der Körpergestalt (↗*rūpa*) eines Menschen gehörenden Sinnestätigkeiten (Sehen, Hören, Riechen, Schmecken, Tasten und Denken) in ihrer Irrealität erwiesen werden können, wie das in diesem Kapitel am Beispiel des Sehens geschieht, dann muß das auch für die Tätigkeiten der vier übrigen Skandhas (Empfinden, Bewußtsein, Tatabsicht und Erkennen) gelten. Auf diese Weise wird in der Konsequenz die Irrealität eines handelnden Subjekts erwiesen, das anscheinend in den Sinnestätigkeiten oder den Tätigkeiten der anderen vier Skandhas festzustellen ist. Die Methode, mit der Nāgārjuna dieses Ergebnis erreicht, ist aus dem zweiten Kapitel bekannt; sie wird, ohne daß er alle gedanklichen Wendungen des zweiten Kapitels zu wiederholen bräuchte, nur noch in verkürzter Weise angewandt. Auch die prinzipiellen Resultate sind per analogiam mit den schon bekannten leicht nachzuvollziehen. So wenig wie es Geher, Gehen und Begangenes als solche geben kann, so wenig gibt es Seher, Sehen und Sichtbares als solche. Und was für eine Sinnestätigkeit erwiesen werden kann, das gilt auch für alle anderen Tätigkeiten — einschließlich der geistigen.

Der Nachweis der Substanzlosigkeit der Sinnesfähigkeiten und damit mittelbar der Konstituenten der Persönlichkeit hat eine weiterreichende Konsequenz, die in späteren Kapiteln zum Tragen kommt (Kap. 9; 16; 18.4; 22; 26.6f; 27.4-8). Auf sie verweist der zweite Satz von Vers 3.7: Mit dem Beispiel der Sinnestätigkeit des Sehens soll zugleich auch das allen Tätigkeiten zugrundeliegende Ergreifen (↗*upādāna*) als wesenlos erwiesen werden. Dieses mit Tätigkeiten wesentlich verbundene Ergreifen führt zu stets erneuten Bindungen an Gegebenheiten und, daraus resultierend, zu stets erneutem Werden (↗*bhava*) und Sein (↗*bhāva*), oder, was dasselbe heißt, zu stets neuen Wiedergeburten. Dieser kontinuierliche Prozeß endet nicht, solange Gegenstand und Subjekt in den Tätigkeiten der Sinne und der geistigen Fähigkeiten für substantiell real gehalten werden.

3.1 Sehen, Hören, Riechen, Schmecken, Tasten und Denken sind die sechs Sinnestätigkeiten; deren Betätigungsfeld ist das Sichtbare [Hörbare, Riechbare] usw.

3.2 Das Sehen kann nämlich gerade sich selbst nicht sehen. Wenn es sich selbst nicht sieht, wie wird es die [Dinge] sehen, die von ihm verschieden sind?[20]

3.3 Um das Sehen zu erfassen, ist das Beispiel des Feuers nicht ausreichend.[21] [Vielmehr] wird dieses [Beispiel] zugleich mit dem Sehen [durch die Ausführungen über] das Gegangene, Nicht-Gegangene und gegenwärtig Begangene zurückgewiesen. [Kurzgefaßt wie folgt:]

3.4 Wenn es [per definitionem] überhaupt kein Sehen gibt, das nicht sehend ist, ist es dann richtig zu sagen: „Das Sehen sieht"? [→ 2.9]

3.5 Weder sieht das Sehen noch das Nicht-Sehen. Aber es muß erkannt werden, daß zugleich mit dem Sehen auch der Seher erklärt ist. [Denn:]

20 Das Argument ist wie folgt zu verstehen: Nach der Dharmatheorie müßten die Sinnestätigkeiten als mit „Eigensein" (*svabhāva*) ausgestattete ↗Dharmas für sich selbst bestehen können. Träfe das nun zu, müßte das Sehen (*darśana*) als solches auch dann noch bestehen können, wenn ihm keine Objekte gegeben sind. In diesem Fall aber könnte es nur sich selbst als Objekt haben. Weil dies schwerlich gelingen wird, ist an der Existenz eines Dharma „Sehen" zu zweifeln. Wenn es nun dieses Sehen nicht gibt, kann es auch nichts anderes sehen. Hier würde man (wie z.B. Schumann: *Buddhismus. Stifter, Schulen und Systeme*, 1995: 195, n. 31) nun einwenden, daß nicht das Sehen sieht, sondern ein mit Sehen ausgestattetes Wesen, also etwa ein „Seher". Auf dieses Argument beziehen sich die nächsten Verse. Vgl. auch 7.1c,d.

21 Davon handelt dann das Kap. 10.

3.6 Weder existiert ein Seher, vom Sehen ungetrennt [und eins mit ihm], noch ein Seher, vom Sehen getrennt. Gibt es den Seher nicht, woher denn dann Sichtbares und Sehen?

3.7 Da Sichtbares und Sehen nicht existieren, existiert auch die Vierheit von Erkennen (*vijñāna*) [Empfinden, Bewußtsein, Tatabsicht; ↗*skandha*] nicht. — Wie könnte es deshalb Ergreifen (*upādāna*) [und in der Folge Werden, Geburt, Altern-Sterben; ↗*pratītyasamutpāda*] geben?

3.8 Durch das Beispiel des Sehens ist zugleich auch Hören, Riechen, Schmecken, Tasten und Denken erfaßt; [auf diese Weise] erkenne man auch Hörer und Hörbares [Riecher und Riechbares] usw.

Kapitel 4
Die Konstitutionsmomente der Persönlichkeit (*skandha*)

Ursache und Wirkung

Lief das dritte Kapitel darauf hinaus, das Ergreifen (↗*upādāna*) in seiner vielfältigen Gestalt als die Bindung an die Existenz und somit als Ursache für die Wiedergeburt darzulegen, bzw. in Frage zu stellen, so wird nun konsequenterweise im vorliegenden Kapitel die Frage nach dem Verhältnis von Ursache und Wirkung gestellt. Dies geschieht aber nicht in abstrakter Weise, sondern am konkreten Beispiel einer Persönlichkeit (↗*pudgala*), die per definitionem aus den schon bekannten fünf Konstitutionsmomenten (↗*skandha*) besteht und somit wiedergeboren ist.

Nāgārjuna spielt nun exemplarisch an *rūpa-skandha* die Möglichkeiten einer Beziehung zwischen Ursache und Wirkung durch. Seine Argumentation will zeigen, daß Ursache und Wirkung weder identisch noch verschieden sein können.

Dieser Gedanke hat eine weitreichende Konsequenz: insofern die Skandhas die Akteure des Ergreifens sind — deswegen werden sie auch Upādāna-skandhas genannt — sind sie die Ursache für eine neue Persönlichkeit in einer neuen Existenz nach dem Tode. Insofern sie aber existieren, sind sie selbst verursacht aus einer früheren Existenz. Wenn nun Nāgārjuna argumentiert und überzeugend darlegt, daß Ursache und Wirkung weder verschieden noch identisch sind, stellt er die Identität einer Persönlichkeit (*pudgala*), die unabdingbar zur Wiedergeburt gehört, in Frage.

4.1 Eine Körpergestalt (*rūpa*), losgelöst von ihrer Ursache (*rūpa-kāraṇa*), gibt es nicht. Auch die Gestalt-Ursache, losgelöst vom Körper, nimmt man nicht wahr.

4.2 Wenn es die Körpergestalt losgelöst von ihrer Ursache gäbe, so folgte daraus, daß es eine Körpergestalt ohne einen Grund (*ahetuka*) [gäbe]. Doch nirgendwo existiert irgendein Ding (↗*artha*) ohne Grund.

4.3 Existierte andererseits eine Gestalt-Ursache losgelöst von der Körpergestalt, dann gäbe es eine Ursache ohne Wirkung. Eine wirkungslose Ursache gibt es jedoch nicht.

4.4 Wenn eine Körpergestalt [schon] existiert, kommt ihre Ursache nicht [mehr] vor. Wenn eine Körpergestalt nicht existiert, kommt ihre Ursache [auch] nicht vor.

4.5 ‚Ursachelose Körpergestalt' also? — Nein, das ist völlig unmöglich! Deswegen gilt: Hinsichtlich der Körpergestalt soll man keine Vorstellungen (↗*vikalpa*) bilden [die zwischen Ursache und Wirkung unterscheiden].

4.6 Zu sagen, „die Wirkung ist der Ursache gleich (*sadṛśa*)", ist ebenso unmöglich wie zu sagen, „die Wirkung ist der Ursache nicht gleich".

4.7 Was [nun] für Körpergestalt gilt, das gilt auch für alle anderen [↗Skandhas]: Empfindung, Erkennen, Bewußtsein, Tatabsicht, [und überhaupt] für sämtliche Dinge.

4.8 Wollte jemand eine Widerlegung vortragen, wenn ein Streitgespräch mit dem Argument der ‚Leerheit' (↗*śūnyatā*) geführt wird, so ist für den nichts eine Widerlegung,[22] [denn das als Widerlegung vorgetragene] wird ja gleich mit dem, was zu zeigen war (*sādhya*).[23]

22 Wörtl.: „dem ist alles unwiderlegt". Satzkonstruktion und Partizip Perfekt Passiv legen zwar nahe, daß hier der Einwendende gemeint ist, daß also dem Gegner nichts widerlegt werden könne. Das ergäbe jedoch keinerlei Sinn. So übersetzt auch Seyfort Ruegg (1981): 12: „nothing will serve him as a reply".

23 Mit Candrakīrti ist dieser (und der nächste) Vers wie folgt zu verstehen: *sādhya*, also „das, was zu zeigen ist", wäre in diesem Fall der *rūpa*-Skandha; ihn gilt es als existent bzw. als nicht existent nachzuweisen. Wenn nun ein Gegner (des Śūnyavāda) z.B. mit der Existenz eines anderen Skandha (Erkennen, Empfindung usw.) argumentiert, um von dessen Existenz dann auf die Existenz des *rūpa*-Skandha zu schließen, so sei —

4.9 Wollte jemand einen Einwand vortragen, wenn eine Unterweisung mit der ‚Leerheit' geführt wird, so ist für den nichts ein Einwand, [denn das als Einwand vorgetragene] wird ja gleich mit dem, was zu zeigen war.

Kapitel 5
Die Elemente (*dhātu*)

Kennzeichen und zu Kennzeichnendes (*lakṣaṇa/lakṣya*)

Die buddhistische Lehre kennt sechs Elemente (↗*dhātu*), von denen die ersten vier die klassischen Elemente (↗*mahābhūtāni*) sind, wie man sie auch aus der griechischen Philosophie kennt:

Erde (*pṛthivī*)	
Wasser (*āp*)	die vier großen Elemente
Feuer (*tejas*)	(*mahābhūtāni*)
Wind (*vāyu*)	

Raum (*ākāśa*)
Erkennen (*vijñāna*)

Wenn nun Nāgārjuna sich mit dieser archaischen Vorstellung von den Elementen, die ansonsten in der buddhistischen Lehre keine besondere Bedeutung haben, auseinandersetzt, dann nur deswegen, weil er sich an Hand dieser einfachen Vorstellung von den Elementen mit dem Problem der Substanz auseinandersetzen kann. Andererseits, wenn die vorhergegangenen Kapitel in einem logischen Zusammenhang stehen, erfolgt hier ein Übergang von der anthropologischen (Kap. 3 und 4) zur kosmologischen Seite.

Nāgārjuna gebraucht hier also nicht den abstrakten Begriff Substanz, sondern greift zur archaischen Vorstellung der Elemente, um so, getreu seiner ‚Pädagogik', vom vermeintlich Einfachen und Bekannten erst allmählich (im weiteren Verlauf der MMK) zum Abstrakten und Subtilen vorzudringen. Nach der alten Auffassung sind die Elemente eben Substanzen, und so läßt sich an ihnen leicht das Problem der Substanzen und deren Kennzeichen (↗*lakṣaṇa*) darstellen.

und dies wurde in Vers 7 ja bereits angedeutet — genau umgekehrt zu argumentieren: Jeder andere, als ‚Einwand' vorgetragene Skandha werde vielmehr dem *rūpa*-Skandha, also dem *sādhya*, gleich, mithin ebenfalls in die ‚Leerheit' hineingezogen. Man muß also nicht alle Elemente einer Kategorie einzeln widerlegen — was für ein Element (*rūpa*) gilt, gilt auch für alle anderen.

Die Substanz bezeichnet das Beständige, sie gibt gleichsam die Kontinuität und den Bestand eines Dinges an. Das Kennzeichen (*lakṣaṇa*) hingegen gibt ihr Wesen an, das ‚Was', das sie charakterisiert und wodurch sie wiedererkannt werden kann.

Der Raum (*ākāśa*) als Substanz (*dravya*) oder als Zu-Kennzeichnendes (*lakṣya*) hat das Kennzeichen (*lakṣaṇa*) „Nicht-Hinderung" (*anāvaraṇa*). Da es sich bei den Kennzeichen um Wesensmerkmale, bzw. um Funktionen handelt, sind sie nicht beliebig austauschbare Eigenschaften oder gar Akzidentien, sondern sind untrennbar mit dem Wesen der Substanz (↗*svabhāva*) verbunden und sind somit charakteristisches Merkmal (*svalakṣaṇa*) für ein Ding. Das Verhältnis des Wesens (*svabhāva*) eines Dinges zu seinem charakteristischen Kennzeichen (*svalakṣaṇa*) ist das eines unsichtbaren Wesens und seiner empirisch faßbaren Außenseite.

5.1 ‚Raum' (*ākāśa*) in irgendeiner Form findet sich nicht früher als das Kennzeichen des Raumes. Wenn er vor dem Kennzeichen existierte, folgte, daß er [auch] ohne Kennnzeichen existierte.

5.2 Nirgends aber wird irgendein Seiendes (↗*bhāva*) gefunden, das ohne Kennzeichen wäre. Wenn kein Seiendes ohne Kennzeichen existiert, wohin könnte dann ein [vom Seienden getrenntes] Kennzeichen gehen?[24]

5.3 Weder entwickelt sich ein Kennzeichen in einem [Seienden] ohne Kennzeichen noch in einem [Seienden] mit Kennzeichen. Und in einem anderen als dem [Seienden] mit Kennzeichen und dem ohne Kennzeichen entwickelt es sich ebenfalls nicht.

5.4 Wenn sich kein Kennzeichen entwickelt, kommt auch etwas Zu-Kennzeichnendes (*lakṣya*) nicht vor. Und wenn etwas Zu-Kennzeichnendes nicht vorkommt, entsteht auch kein Kennzeichen.

5.5 Deswegen wird weder etwas Zu-Kennzeichnendes noch ein Kennzeichen gefunden. Losgelöst von etwas Zu-Kennzeichnendem und einem Kennzeichen, findet sich aber auch kein Seiendes.

5.6 Und wenn sich nichts Seiendes findet, könnte es da Nicht-Seiendes für jemanden geben?[25] Wer erkennt [wohl noch] Seiendes und Nicht-

24 Das Problem ist: Wenn alle seienden Dinge (*bhāva*) notwendig immer schon mit einem *lakṣaṇa* ausgestattet sind, kann ein isoliert gedachtes *lakṣaṇa* nirgendwo ‚Halt finden'.

25 Die rhetorische Frage erwartet ein ‚Nein' als Antwort, womit die Kategorien ‚Seiend'

Seiendes, wenn er sich von den Begriffen ‚Seiend' und ‚Nicht-Seiend' getrennt hat?

5.7 Deshalb ist der Raum weder ein Seiendes noch ein Nicht-Seiendes, weder etwas Zu-Kennzeichnendes noch ein Kennzeichen. Für die fünf anderen Elemente gilt dasselbe wie für den Raum.

5.8 Diejenigen aber, die ‚Existenz' und ‚Nicht-Existenz' der Dinge sehen, sind von geringer Einsicht; sie sehen nicht das beglückende Zur-Ruhe-Kommen des Sichtbaren.

Kapitel 6
Die Leidenschaft und der von Leidenschaft Ergriffene (*rāga-rakta*)

Das Verhältnis von Eigenschaft und dem Träger der Eigenschaft

Mit diesem Kapitel faßt Nāgārjuna die in den vorhergegangenen Kapiteln aufgeworfenen Problematiken zusammen. Zum einen wird zwar nun am Beispiel der Leidenschaft (↗*rāga*) das Verhältnis von Substanz und Attribut weiter untersucht, zum anderen aber verweist dieses Kapitel auch auf die Kapitel 3 und 4, weil die Leidenschaft, auch wenn sie hier isoliert behandelt wird, untrennbar mit der Persönlichkeit und ihrer Tätigkeit verbunden ist.

Die Leidenschaft, oder (in diesem Zusammenhang) besser: Begierde, gehört mit Haß (↗*dveṣa*) und Verblendung (↗*moha*) einerseits zu den drei sogenannten „Grundübeln" (↗*doṣa*), die das Rad des Kreislaufs der Wiedergeburt in Gang halten; und andererseits auch zu den sechs Anhaftungen (↗*kleśa*). Die drei Grundübel, in der volkstümlichen Darstellung als Hahn, Schwein und Schlange vorgestellt, sitzen gleichsam in der Nabe des Rades des ↗Saṃsāra, vergiften ihn von innen heraus und halten ihn in Gang.

Die drei Grundübel sind andererseits Qualifikationen des Karma (↗*karman*), das selbst die Ursache für die Wiedergeburt ist. Sind die drei Grundübel mehr dem makrokosmischen Bereich zugeordnet, so hat man die Anhaftungen mikrokosmisch, bzw. anthropologisch zu verstehen. Insofern sind die drei Grundübel in die Anhaftungen (des Karma) eingegangen.

Wenn nun Karma eine Qualifikation der Persönlichkeit (↗*pudgala*) ist, stellt sich die Frage nach dem logischen Prius. Karma selbst kommt aber nur in qua-

und ‚Nicht-Seiend' bei der Beurteilung von ‚Wirklichkeit' ausscheiden müssen. Darauf nimmt der Rest des Verses Bezug.

lifizierter Form vor, als mit Kleśas/Doṣas behaftet oder nicht behaftet. Hier wird nun am Beispiel des mit Leidenschaft Behafteten (also des ersten Gliedes der Reihe der Anhaftungen) die Frage nach dem logischen Prius durchgespielt. Dasselbe gilt — wenngleich nicht expressis verbis im Text ausgesprochen — auch für die restlichen fünf Anhaftungen.

6.1 Der von Leidenschaft Ergriffene (*rakta*) wäre ohne Leidenschaft (*rāga*), wenn es ihn vor der Leidenschaft schon gäbe; die Leidenschaft wäre durch ihn bedingt (*pratītya*). [Denn:] Wenn der von Leidenschaft Ergriffene [schon] existiert, entstünde [ja erst] die Leidenschaft.[26]

6.2 Wenn [aber] der von Leidenschaft Ergriffene nicht existiert, woher sollte dann die Leidenschaft kommen? Das gleiche läßt sich auch für den von Leidenschaft Ergriffenen sagen, sowohl für den Fall, daß Leidenschaft existiert, als auch für den Fall, daß sie nicht existiert.

6.3 Daß die Leidenschaft und der von Leidenschaft Ergriffene zusammen auftreten, ist [allerdings] auch nicht richtig. Dann nämlich wären Leidenschaft und der von Leidenschaft Ergriffene unabhängig voneinander. [Das ist wie folgt zu verstehen:]

6.4 In der Identität existiert nicht Zusammensein (*sahabhāva*). Denn: Etwas kann nicht mit sich selbst zusammen sein. Woher aber sollte Zusammensein andererseits in der Unterschiedenheit kommen?

6.5 Wenn Zusammensein [der beiden] in der Identität bestünde, dann gäbe es das eine auch ohne seinen Begleiter.[27] Wenn Zusammensein [andererseits] in der Unterschiedenheit existierte, auch dann gäbe es das eine ohne seinen Begleiter.

6.6 Wenn es Zusammensein in der Unterschiedenheit gibt, ist dann die Unterschiedenheit der Leidenschaft und des von Leidenschaft Ergriffenen schon deshalb erwiesen, weil sie zusammen sind?

26 Dies ist eine Anspielung auf den ↗*Pratītyasamutpāda*, den der Buddha mit dem Satz charakterisiert haben soll: „Wenn dieses existiert, wird jenes" (*satīdam asmin bhavati*; vgl. die Anm. zu 1.10); hier nun heißt es wörtlich: „Wenn der von Leidenschaft Ergriffene existiert, entstünde die Leidenschaft" (*rakte rāgo bhavet sati*).

27 D.h.: Die Leidenschaft ohne den von ihr Ergriffenen und umgekehrt.

6.7 Wenn [aber] das Unterschiedensein der Leidenschaft und des von Leidenschaft Ergriffenen [bereits] erwiesen ist, warum legst du [der Argumentation] dann deren Zusammensein zugrunde?

6.8 Gerade weil das Unterschiedensein [der beiden] nicht erwiesen ist, verlangst du doch [ihr] Zusammensein. [Aber auch umgekehrt:] Um [ihr] Zusammensein zu erweisen, forderst du darüber hinaus [ihr] Unterschiedensein.[28]

6.9 Weil nun aber das Unterschiedensein [der beiden] gar nicht erwiesen ist, wird [auch ihr] Zusammensein nicht erwiesen. Im Hinblick auf welches tatsächlich existierende Unterschiedensein forderst du also das Zusammensein?

6.10 Also ist von der Leidenschaft erwiesen, daß sie weder zusammen noch nicht zusammen mit dem von Leidenschaft Ergriffenen vorkommt. Wie für die Leidenschaft ist damit für alle ↗Dharmas erwiesen: Weder sind sie zusammen, noch sind sie nicht zusammen.

Kapitel 7
Das Zusammengesetzte (*saṃskṛta*)

Entstehen, Bestehen und Vergehen als die drei Kennzeichen (↗*lakṣaṇa*) der zusammengesetzten Dharmas

Nach den Präliminarien in den Kapiteln 3-6, die über die Einheit und Verschiedenheit zweier zusammengehörender Dinge, sei es im statischen, sei es im dynamischen Sinne, grundsätzliche Probleme aufwarfen, geht Nāgārjuna nun das Kernproblem buddhistischer Lehre an: die Dharma-Theorie. Die vorhergegangenen Kapitel waren also — wenn man so will — nur Vorübung. Grundsätzlich hat jeder ↗Dharma sein *svalakṣaṇa*, sein unverkennbares Merkmal, das ihn von den anderen Dharmas unterscheidet. Dieses *svalakṣaṇa* macht das Wesen eines Dharma aus und ist seine empirisch erfaßbare „Außenseite"; ansonsten ist er empirisch transzendent. Um diese je einzelnen *svalakṣaṇas* der Dharmas geht es aber

28 Wären die beiden unterschieden, könnten sie vor dem jeweils anderen existieren. Weil das jedoch nicht der Fall ist (s. Vers 1-2), wurde also deren Zusammensein gefordert, welches wiederum nur auf der Basis von Unterschiedenheit denkbar ist: Die Argumentation dreht sich also im Kreis! Diese Problematik wird im Kap. 14 ausführlicher behandelt.

Nāgārjuna hier nicht, sondern um das prinzipielle Problem der sogenannten *saṃskṛta*-Dharmas.

Die Masse der Dharmas zerfällt in zwei ungleich große Gruppen: Die ↗*saṃskṛta*-Dharmas und die ↗*asaṃskṛta*-Dharmas. Nirvāṇa und Raum (*ākāśa*) sind die beiden einzigen *asaṃskṛta*-Dharmas. Alle übrigen Dharmas, nämlich die, welche die sichtbare Welt als daseiende ausmachen, sind dagegen *saṃskṛta* (ihre Anzahl ist je nach Schule verschieden). Sie werden so genannt, weil sie „zusammengesetzt" (*saṃskṛta*) sind aus den drei Zeiten ihrer Erscheinung: Entstehen, Bestehen und Vergehen. Nirvāṇa und Raum gelten in diesem Sinne nicht als dem (phänomenalen) Dasein unterworfen, sind also „nicht zusammengesetzt" (*asaṃskṛta*).

Nāgārjuna reduziert nun die *svalakṣaṇas* der Dharmas auf das dreifache *lakṣaṇa* eines Dharma schlechthin, d.h. ein Dharma qua *saṃskṛta*-Dharma hat eben die drei Kennzeichen (*lakṣaṇa*): Entstehen (*utpāda*), Bestehen (*sthiti*) und Vergehen (*bhaṅga/nirodha*)[29]. Dieses Werden und Vergehen ist das Wesensmerkmal (*lakṣaṇa*) eines Dharma und zugleich auch dessen Eigennatur, Eigensein (*svabhāva*). Diese Konzeption wurde antithetisch von den Buddhisten gegen die monistische Lehre der alten ↗Ātman-Tradition der Upaniṣaden gesetzt, die ja in den weiteren hinduistischen Schulen, sei es im Vedānta, sei es im Śivaismus, ihre Fortsetzung findet. Mag diese Theorie zu einem bestimmten Zeitpunkt der buddhistischen Geistesgeschichte ihre Wirkung auf Gegner gehabt haben, zur Zeit Nāgārjunas jedenfalls hatte sie es nicht mehr.

Die Problematik wird nämlich immer subtiler. Die drei *lakṣaṇas*, die den *saṃskṛta*-Dharma kennzeichnen, stehen in einer Abfolge. Die Beziehung zum (*sam*)*anantara-pratyaya* ist auffällig (vgl. 1.2, bzw. 1.9). Nāgārjuna setzt sich in extenso mit den drei einzelnen Stufen des Prozesses auseinander: mit dem Entstehen in den Versen 1-21, mit dem Bestehen in 22-25, mit dem Vergehen in 26-34.

Im Grunde wird jetzt der Vers 1 des ersten Kapitels näher erläutert: Etwas, das existiert, entsteht nicht und vergeht nicht, d.h. wenn etwas besteht, werden die beiden anderen *lakṣaṇas* hinfällig. Nacheinander können sie ebensowenig bestehen wie gleichzeitig, auch wenn gerade letzteres von der Theorie gefordert wird: Der gesamte Prozeß soll in einem einzigen Augenblick (*kṣaṇa*) stattfinden.

Diese Problematik war schon der Streitpunkt der beiden großen buddhistischen Schulen: der ↗Sarvāstivādin und der ↗Sautrāntika-Vaibhāṣika. Erstere sagten, der Dharma ist (*asti*) in den drei Zeiten (daher haben sie den Namen *Sarvāstivādin*). Ist der Dharma nicht bestehend, so ist er, wenn auch unsichtbar, latent vorhanden. Damit würde aber ein dauernder Dharma gefordert, der immer

29 *nirodha* wird hier sonst gewöhnlich mit „Vernichtung" übersetzt. In diesem Kapitel aber benutzt Nāgārjuna das Verb *ni-rudh* und Ableitungen davon offenbar auch als Synonyme für den im Zusammenhang mit den Existenzphasen eines Dharma üblicheren Ausdruck *bhaṅga*.

ist und dessen Wechsel von Entstehen, Bestehen und Vergehen nur der Welt der Erscheinung angehörte, dann also doch nicht wirklich sei. So der Vorwurf der gegnerischen Sautrāntika-Schule. Deswegen, um eine Dauer, die auf etwas Beständiges (↗*ātman*) hinwiese, zu vermeiden, setzt diese Schule die drei *lakṣaṇas* eines Dharma als real. Damit tut sich eine neue Schwierigkeit auf, die Nāgārjuna im folgenden Kapitel abhandelt. Die Argumentation läuft darauf hinaus, daß ein *svalakṣaṇa* qua *svabhāva* etwas Unveränderliches ist, wodurch es schwierig wird, die Veränderung in einen kategorialen Zusammenhang zu stellen: Entweder es gibt jeweils nur ein *lakṣaṇa*, dann wird aber die Veränderung nicht erklärt, oder aber alle drei *lakṣaṇas* kommen gleichzeitig vor, was logisch unsinnig ist.

Wie schon im zweiten Kapitel wird auch hier, wo es in erster Linie um die einem Prozeß unterworfenen Gegebenheiten (Dharmas) geht, der Zeit keine Bedeutung zugemessen. Sie gilt dem pluralistischen Weltbild des ↗Abhidharma als unabhängige Größe (dazu Kap. 19).

Die Thematik des siebten Kapitels wird im übrigen auch von der Vigrahavyāvartanī aufgegriffen: Das Bild von der Leuchte (MMK, Verse 9-12) wird in gleicher Weise und im selben Zusammenhang in Vigrahavyāvartanī, Verse 36-39, gebraucht.

I. Das Entstehen (*utpāda*)

7.1 Wenn [auch] das Entstehen [eines Dharma ebenso wie dieser] etwas Zusammengesetztes ist, dann ist es [ebenfalls] mit den drei Kennzeichen verbunden.[30] Wenn aber Entstehen [selbst] nicht zusammengesetzt (*a-saṃskṛta*) ist, wie könnte es dann Kennzeichen des Zusammengesetzten sein?[31]

7.2 Die drei [Kennzeichen] Entstehen usw., jedes einzeln und für sich genommen, genügen nicht, Zusammengesetztes zu kennzeichnen. Existierten sie hingegen in eins und zusammen, wie könnten sie zur selben Zeit am selben Orte sein?[32]

30 Insofern Entstehen usw. selbst als real existierende Gegebenheiten gedacht werden, sind sie selbst *saṃskṛta*-Dharmas, also ihrerseits mit den drei Kennzeichen Entstehen usw. versehen. Auch dies ist Lehrmeinung des Abhidharma, nicht etwa eine Folgerung Nāgārjunas. Dazu Rosenberg (1924): 122.

31 Dies ist der Ansicht vergleichbar, daß die Sehfähigkeit auch in der Lage sein müßte, sich selbst zu sehen (→ 3.2).

32 Die erste Möglichkeit hieße, einen Dharma zu fordern, der etwa nur entsteht, jedoch nicht besteht und vergeht, oder einen Dharma, der besteht, jedoch nicht entstanden ist und nicht vergeht, oder einen, der vergeht, ohne jemals entstanden zu sein. Also müßten alle drei Kennzeichen zusammen existieren, was nach der Augenblickstheorie des Dharma zwar gefordert, von Nāgārjuna jedoch hier verworfen wird.

7.3 Wenn für [ein Kennzeichen wie] Entstehen, Bestehen und Vergehen [seinerseits] ein weiteres [solches] Kennzeichen des Zusammengesetzten [nämlich wiederum Entstehen usw.] existiert [→ 1], dann [führt dies zum] unendlichen regressus in infinitum (*anavasthā*). Wenn [ein solches weiteres Kennzeichen aber] nicht existiert, dann sind [Entstehen usw.] keine zusammengesetzten [Dharmas].[33]

[Einwand:]

7.4 ‚Entstehen des Entstehens' ist ausschließlich das Entstehen des Ursprungs-Entstehens. [Und] dieses ursprüngliche Entstehen wiederum erzeugt ‚Entstehen des Entstehens'.[34]

[Antwort Nāgārjunas:]

7.5 Wenn für dich ‚Entstehen des Entstehens' das Entstehen des Ursprungs-Entstehens ist, wie wird dann deiner [Ansicht nach] dieses, [seinerseits] nicht durch einen [weiteren] Ursprung Erzeugte, jenes [nämlich sich selbst als ‚Entstehen des Entstehens'] hervorbringen?

7.6 [Und] wenn für dich das durch das Ursprüngliche [erst] Entstandene [seinerseits] das Ursprüngliche erzeugt, wie kann dieses Ursprüngliche, das nicht aus sich entstanden ist, jenes [Entstandene] zur Entstehung bringen?

7.7 Nach deinem Willen würde also das gerade im Entstehen Begriffene jenes [Entstehen des Entstehens] entstehen lassen, wenn es denn als [noch] nicht Erzeugtes fähig ist, jenes entstehen zu lassen.

[Einwand:]

7.8 So wie eine Leuchte sich selbst und anderes sichtbar macht, so dürfte auch das Entstehen beides, sich selbst und anderes, entstehen lassen.

33 Um überhaupt existieren zu können, müßten sie aber zusammengesetzte Dharmas sein.

34 Mit dem Argument, das Enstehen sei zugleich auf sich und anderes bezogen, will der fiktive Gegner dem von Nāgārjuna in Vers 3 aufgedeckten regressus in infinitum entgehen. Er wird später (Vers 8) versuchen, dies am Beispiel der Leuchte, die sich selbst und anderes sichtbar macht, zu veranschaulichen.

[Antwort Nāgārjunas:]

7.9 In der Leuchte und da, wo sie sich befindet, gibt es keine Dunkelheit. [Aber:] Ist es denn die Leuchte, die erhellt? — Es ist ja doch die Helligkeit [und nicht die Leuchte], welche die Dunkelheit vertreibt.

7.10 Wie wird denn durch die Leuchte, die gerade aufflammt,[35] die Dunkelheit vertrieben? Wenn doch die Leuchte, die gerade aufflammt, mit der Dunkelheit gar nicht in Berührung kommt.

7.11 Wenn die Dunkelheit durch die Leuchte vertrieben wird, auch ohne von ihr berührt worden zu sein, so könnte eine hier stehende Leuchte die auf der ganzen Welt herrschende Dunkelheit vertreiben.

7.12 [Und schließlich:] Würde eine Leuchte sich selbst und anderes sichtbar machen, dann würde zweifellos auch die Dunkelheit sich selbst und anderes verhüllen.

7.13 Wie könnte ein Entstehen, wenn es noch nicht entstanden ist, sich selbst erzeugen? Andererseits: Wenn es als [schon] Entstandenes sich erzeugt, was ist es dann, was sich im Erzeugten zusätzlich noch erzeugt?

7.14 Nicht als [gerade] Entstehendes, nicht als [bereits] Entstandenes und nicht als [noch] nicht Entstandenes entsteht [etwas] auf irgendeine Weise. Das wurde schon erläutert durch ‚Gegenwärtig Begangenes', ‚Gegangenes' und ‚Nicht-Gegangenes'.[36]

7.15 Wenn dieses gerade Entstehende sich nicht im Vorgang des Entstehens (*utpatti*) entwickelt, wie kann man dann sagen, das gerade Entstehende sei abhängig vom Vorgang des Entstehens?

7.16 Was auch immer in Abhängigkeit wird, ist seinem Wesen nach beruhigt. So sind auch das gerade Entstehende und der Vorgang des Entstehens beruhigt.[37]

35 *utpadyamāna*; wörtl.: „die gerade entsteht".

36 Siehe 2.12-13. Ebensowenig wie das Gehen in einer der drei genannten Strecken beginnen kann, da sie alle schon durch das Gehen konstituiert sind, kann das Entstehen in den drei Phasen des Enstehens erst beginnen, also entstehen.

37 May (1959): 125, n. 330, verweist auf eine Stelle im Mahāyānaviṃśaka. In der Übersetzung Yamaguchis lautet sie wie folgt (Mahāyānaviṃśaka 3-4): „(3) There is no birth on the other side, nor on this side; Nirvāṇa too in its self-nature exists not. Thus sur-

7.17 Sollte irgendwo irgendein nicht entstandenes Seiendes (↗*bhāva*) gefunden werden, so würde es [gerade jetzt] entstehen. Was aber könnte als Seiendes entstehen, wenn es [zuvor] gar nicht existiert?

7.18 Wenn nun dieses Entstehen das [gerade] Entstehende entstehen läßt, welches Entstehen läßt dann wiederum jenes entstehen?

veyed by a knowledge which knows all things, empty are the created. (4) The self-nature of all is regarded as like shadow; they are in substance pure, serene, non-dualistic and same as suchness."
Dies bedeutet: So wie Nirvāṇa ohne Wesen ist, so ist das Seiende in seinem Wesen beruhigt (Yamaguchi: „serene"), sein eigentliches Wesen ist Stillstand jeder Bewegung, ein In-Sich-Ruhen. So finden Nirvāṇa und Saṃsāra ihre Ununterschiedenheit in der Beruhigung des Saṃsāra. Saṃsāra ist Bewegung in zweifacher Hinsicht:
(1) Bewegungskreislauf zwischen Subjekt und Objekt.
(2) Bewegungskreislauf in sich (Werden und Vergehen).
Auf der Stufe konventioneller Wahrheit besteht ein Abhängigkeitsverhältnis (*pratītya*), auf der Stufe höchster Wahrheit jedoch ist Saṃsāra in seinem Wesen (*svabhāva*) beruhigt und trifft sich mit Nirvāṇa.
Nun ist allerdings zu fragen, was dieser Vers 16 hier zu suchen hat. In 15 hatte Nāgārjuna noch kritisch nach einem *pratītya*-Verhältnis zwischen dem Entstehenden und dem Vorgang des Enstehens gefragt. Vers 16 dann, in der Form eines Syllogismus aufgebaut, geht von eben diesem in Frage gestellten *pratītya*-Verhältnis aus, erkennt die hiervon betroffenen Gegebenheiten als „beruhigt" und schließt, auch das Entstehende und der Vorgang des Entstehens sei folglich beruhigt. Die notwendige Implikation lautet also: Entstehendes und Vorgang des Entstehens sind einem *pratītya*-Verhältnis unterworfen, was ein eklatanter Widerspruch zur Aussage des vorhergehenden Verses ist!
Vielleicht ist der Widerspruch wie folgt aufzulösen: Weil das Entstehende sich nicht beim Vorgang des Entstehens entwickelt, herrscht hier kein *pratītya*-Verhältnis zwischen den beiden. Wenn es aber ein solches nicht gibt — so wäre weiter zu argumentieren —, dann gibt es zwischen den beiden überhaupt keine Verbindung. Das wiederum ist völlig ausgeschlossen, denn ein Entstehendes ohne den Vorgang des Entstehens ist ebensowenig denkbar wie ein Vorgang des Entstehens ohne etwas Entstehendes; ausgeführt wurde dieser Gedanke in 2.20 am Beispiel Geher und Gehen. Also müßte doch von einem *pratītya*-Verhältnis zwischen den beiden ausgegangen werden, wobei Vers 16 dann das Dilemma dieser zweiten Möglichkeit aufzeigt: Was abhängig ist, ist in sich beruhigt und an die Bewegungslosigkeit des Nirvāṇa angenähert. Ein in sich völlig zur Ruhe gekommener Vorgang des Entstehens, der ja geradezu die Urform der Bewegung ist, erscheint indessen ebenso absurd wie etwas Entstehendes, das völlig zur Ruhe gekommen ist. So betrachtet zeigen die beiden Verse also die typische Dichotomie-Dilemma-Struktur der Mādhyamikas, wobei hier allerdings — ganz untypisch — ein wichtiges Zwischenglied in der Argumentation noch nicht einmal angedeutet wurde (nämlich die Konsequenz aus Vers 15).
Es bleibt noch die Möglichkeit, daß Vers 16 interpoliert wurde. Provoziert durch den Begriff *pratītya* könnte ein zusätzlicher Vers, der vielleicht aus 18.10 entstanden ist, in die Kārikās gerückt sein (die ersten Versviertel von 7.16 und 18.10 entsprechen sich wörtlich); auch der vorhergehende Vers 18.9 zeigt inhaltliche Parallelen zu 7.16, allerdings ist dort von dem, „was nicht durch anderes bedingt ist" (*aparapratyaya*) die Rede!

7.19 Wenn es ein anderes Entstehen ist, das jenes [erst] entstehen läßt, [so ergibt das] einen unendlichen regressus in infinitum. Entsteht es aber ohne ein [anderes] Entstehen, dann könnte auf diese Weise alles [Mögliche] entstehen.[38]

7.20 Der Vorgang des Entstehens trifft nun aber weder für Seiendes noch Nicht-Seiendes, noch für [zugleich] Seiendes und Nicht-Seiendes zu — das wurde schon vorher gezeigt.[39]

7.21 [Auch] kommt es nicht vor, daß ein gerade vergehendes Seiendes entsteht. Aber etwas, das nicht gerade vergeht, kann doch [nach der ↗Abhidharma-Theorie] unmöglich ein Seiendes sein.[40]

II. Das Bestehen (*sthiti*)

7.22 Weder besteht ein Seiendes, das [noch] nicht besteht, noch besteht ein Seiendes, das [bereits] bestanden hat, und auch ein gegenwärtig Bestehendes besteht nicht. Und welches gar nicht Entstandene [könnte denn überhaupt] bestehen?[41]

7.23 Das Bestehen eines gerade vergehenden Seienden ist nicht möglich. Aber etwas, das nicht gerade vergeht, kann doch unmöglich ein Seiendes sein. [→ 21]

7.24 Zu allen Zeiten sind alle Dinge dem Gesetz von Altern und Sterben unterworfen; welche Dinge hätten dann Bestand ohne Altern und Sterben?

38 Alles Seiende, alle *saṃskṛta*-Dharmas, würden also — dem Beispiel des Entstehens selbst folgend — ohne Entstehen entstehen. Das heißt in letzter Konsequenz, daß eines der drei ↗*lakṣaṇa* aller Dharmas, eben das Entstehen hinfällig wäre. Daß aber andererseits nichts bestehen und vergehen kann, ohne entstanden zu sein, wurde von Nāgārjuna bereits in Vers 2 angedeutet (s. dazu die Anm. zu 7.2). Das Dilemma ist offenkundig.

39 Gemeint sind offenbar die Verse 1.6-7 (von Candrakīrti hier zitiert). Dort allerdings wurden Gründe und Bedingungen für Existenz/Nicht-Existenz der Dinge zurückgewiesen, also das, woraus etwas entstehen soll, während hier der Vorgang des Entstehens selbst in Frage gestellt wird.

40 Die Theorie besagt ja, daß alle *saṃskṛta*-Dharmas zugleich entstehen, bestehen und vergehen.

41 Der erste Teil des Verses zeigt deutlich auf das zweite Kapitel hin, wo ein Gehen auf der *gata*-, *agata*- und *gamyamāna*-Strecke zurückgewiesen wurde (→ 2.1). Der letzte Satz zieht dann zusätzlich das Bestehen einer Sache unter Hinweis auf das eben gewonnene Ergebnis, daß ja gar nichts entsteht, in Zweifel.

7.25 Daß ein Bestehen durch ein von ihm verschiedenes Bestehen oder durch sich selbst besteht, trifft nicht zu; ebensowenig wie ‚Entstehen des Entstehens' durch sich selbst oder durch ein anderes [zutrifft]. [→ 5ff]

III. Das Vergehen (*bhaṅga/nirodha*)

7.26 Weder vergeht ein [noch] nicht Vergangenes, noch ein [bereits] Vergangenes, genausowenig ein gerade Vergehendes. [Und] welches gar nicht Hervorgebrachte [könnte denn] vergehen? [→ 22]

7.27 Wie das Vergehen eines Dinges, das [bereits] bestanden hat, nicht vorkommt, so wenig kommt das Vergehen eines Dinges vor, das [noch] nicht bestanden hat.

7.28 Weder wird ein Zustand durch sich selbst als derselbe (*saiva*) beendet [und weitergeführt], noch wird dieser Zustand durch einen von ihm verschiedenen Zustand als ein [von jenem aus gesehen] anderer (*anyaiva*) beendet.[42]

7.29 So wie für alle Dharmas unmöglich ist, daß sie entstehen, so ist es auch nicht möglich, daß sie vergehen.

7.30 Vor allem aber ist es gar nicht möglich, daß ein existierendes Seiendes vergeht, denn Seiendes und Nicht-Seiendes fallen nicht in eins.[43]

42 Wenn etwas vergeht, so kann es — nach Nāgārjunas dichotomischer Methode — nur entweder durch sich selbst oder durch etwas anderes vergehen bzw. vernichtet werden. Der erste Fall scheidet von vornherein aus, sei es, weil ein Akteur niemals sich selbst zum Objekt der Handlung machen kann (z.B. kann sich die Klinge des Schwertes nicht selbst schneiden; dazu Schayer [1931]: 19, n. 14), sei es, weil eine solche ‚Veränderung' des Zustandes gar nicht erfaßt werden könnte. Der zweite Fall wirft die Frage nach der Andersheit bei einer Veränderung auf, die in MMK 13.6 anhand süßer und saurer Milch verdeutlicht wird: Wenn der zweite Zustand (Sauermilch) den ersten (Süßmilch) beenden wollte, müßte er ihn antreffen können. Wenn jedoch der erste existiert, gibt es den zweiten noch nicht, gibt es den zweiten, existiert der erste nicht mehr. Die beiden Zustände kommen also niemals zugleich vor und können somit in keiner Weise aufeinander wirken.

43 Wie Candrakīrti erläutert, bedeutet Vergehen so viel wie Nichtsein, weshalb, wenn Seiendes mit Vergehen in Verbindung käme, beim Seienden zugleich das Nicht-Seiende existieren müßte, was natürlich ausgeschlossen ist.

7.31 Unmöglich ist außerdem, daß ein nicht existierendes Seiendes vergeht, so wie ja nirgends das Abschlagen eines zweiten Kopfes beobachtet wird.

7.32 Vergehen existiert weder durch sich selbst noch durch etwas anderes, ebensowenig wie ‚Entstehen des Entstehens' durch sich selbst oder durch ein anderes [existiert]. [→ 25]

7.33 Weil [die Kennzeichen] Entstehen, Bestehen und Vergehen nicht nachgewiesen werden, existiert das Zusammengesetzte nicht. Wenn aber das Zusammengesetzte nicht erwiesen ist, wie könnte dann das Nicht-Zusammengesetzte erwiesen werden?

7.34 Wie Zauber, wie Traum, wie eine Fata Morgana werden Entstehen, Bestehen und Vergehen aufgefaßt.

Kapitel 8
Tat und Täter (*karmakāraka*)

Wenn man die Dharmatheorie, wie sie dem siebten Kapitel zugrunde liegt, als die „Weltanschauung" der Buddhisten bezeichnen will, so ist die Thematik dieses Kapitels über den Täter und die Tat das Zentrum der Heilslehre des Buddhismus. Der Buddhismus kennt die Unheilssituation — genauso wie die zur Zeit seiner Entstehung herrschende Meinung aller indischen Heilslehren — als den Kreislauf der Wiedergeburten (↗*saṃsāra*). Das Pendant, das Erlösungsziel, ist dagegen nur negativ bestimmt als Nirvāṇa, als „Verlöschen" des Kreislaufes der Wiedergeburten. Die Fessel, die das Lebewesen — nicht nur den Menschen, denn das Prinzip der Fesselung gilt gleichermaßen für Götter (↗*deva*), Tiere (*tiryak*), Totengespenster (*preta*), Menschen (*nara*) und die Wesen der Hölle (*niraya*) — die Fessel also, die einen im Kreislauf der Wiedergeburten gefangen hält, ist das Handeln (↗*karman*). Gute Taten führen zu einer guten Existenz, schlechte Taten zu einer schlechten Existenz, keine Taten zu keiner Existenz. Nun ist es schwer, schon in einem Leben den Taten-losen Zustand zu erreichen; als beste Voraussetzung hierzu gilt die menschliche Existenz, und im besonderen ein Leben im buddhistischen Kloster als Mönch/Nonne oder doch zumindest als Laienanhänger/in. Wenn nun Nāgārjuna in diesem Kapitel den Zusammenhang von Täter, Tun und Tat einer kritischen Analyse unterzieht, dann sticht er damit empfindlich in das wohlbehütete Gefüge der buddhistischen Erlösungslehre. Denn auf einer vorläufigen Stufe ist der Mensch darauf angewiesen, eine Frucht anzustreben oder anders ausgedrückt, gute Taten zu vollbringen, um seine folgende

Existenz zu verbessern; er versucht also, die Bedingungen zu verbessern, die ihm einst die Erlösung ermöglichen sollen.

Nāgārjuna untersucht nun den Zusammenhang zwischen Täter und Tat in derselben Weise, wie er im Kap. 2 das Gehen, im Kap. 3 die sinnliche Wahrnehmung und im Kap. 6 die Leidenschaft analysiert hatte. Diese Kapitel gingen von einer Bewegung aus, die sich aufspalten läßt in Agens, Handlung und Ergebnis der Handlung. Nimmt man noch die Bewegung eines ↗Dharma, die im Kap. 7 analysierte wurde, hinzu, so wird man — mit diesen Präliminarien gerüstet — kaum Schwierigkeiten haben, auch dem Gedankengang dieses achten Kapitels zu folgen.

Der allgemeine Oberbegriff ist Karma, „Tun, Tat". Dabei ist zu bedenken, daß dieser traditionell festgelegte Begriff eng mit der Lehre von der Wiedergeburt verknüpft ist: Jede Tat, auch die einer früheren Existenz, zeitigt eine Frucht, die zum Ausgangspunkt für weitere Handlungen wird, sei es noch in der alten, sei es in einer der folgenden Existenzen. So bezeichnet der Oberbegriff Karma eigentlich drei Abschnitte: einmal den Handlungsgrund für eine kommende Handlung, dann die aktuelle Handlung im Vollzug und schließlich das Handlungsergebnis, die vollendete Handlung, die ihrerseits nun wieder Handlungsgrund für weitere Handlungen wird. Der Handelnde ist also vom Karma des vergangenen Lebens bestimmt; es bildet die Grundlage für sein gegenwärtiges und zukünftiges Handeln. Tabellarisch läßt sich das folgendermaßen darstellen:

Karma I	→	Karma II	→	Karma III
(Tatrest aus früherem Leben)		(aktuelle Handlung)		(Tatergebnis)

Nāgārjuna teilt nun diesen Handlungsverlauf begrifflich folgendermaßen auf:

Karma I		Karma II		Karma III
kartṛ (Täter)				
kriyā (Handlungsantrieb)		*karaṇa* (Handlungsvollzug)	→	*kārya* (Handlungsergebnis)

Eine dritte und einfachere Ebene ist dann, wenn Handlungsantrieb, Täter und Handlungsvollzug zusammengefaßt werden als Handlungsgrund (*kāraṇa*):

kāraṇa (*kriyā*, *kartṛ*, *karaṇa*) (Handlungsgrund)	→	*kārya* (Handlungsergebnis)

8.1 Ein wirklicher Täter führt nicht eine [konkrete] wirkliche Tat aus; ebensowenig denkt ein nicht wirklicher Täter daran, eine nicht wirkliche Tat auszuführen; [denn:]

8.2 Ein wirklicher [Täter] hat keinen Antrieb zum Handeln (*kriyā*), die Tat würde sonst getrennt vom Täter existieren, und der Täter würde getrennt von der Tat existieren.[44]

8.3 Wenn ein nicht wirklicher Täter eine nicht wirkliche Tat ausführte, dann wäre sowohl die Tat als auch der Täter ohne [Existenz-]Grund (*ahetuka*).

8.4 Existiert kein Grund [für die beiden], dann findet sich weder ein Handlungsziel (*kārya*) noch ein Handlungsgrund (*kāraṇa*). [Und] wenn [wiederum diese beiden] nicht sind, dann findet sich weder ein Antrieb zum Handeln, noch ein Täter, noch ein Handeln (*karaṇa*).[45]

8.5 Wenn es Handlungsantrieb usw. (d.h. Täter und Handlungsvollzug) nicht gibt, findet sich auch nicht das Gute und das Schlechte. Wenn Gutes und Schlechtes nicht existieren, findet sich auch keine daraus erzeugte Frucht (↗*phala*).[46]

8.6 Existiert keine Frucht, dann gibt es weder zur Erlösung (*mokṣa*) noch zum Himmel einen Weg. Daraus folgt notwendig: Alle Handlungsantriebe haben ihren Sinn verloren.[47]

8.7 Ein zugleich wirklicher und nicht wirklicher Täter führt kein zugleich Existierendes und Nicht-Existierendes aus. Denn woher sollte die Einheit von Existierendem und Nicht-Existierendem kommen, wenn diese beiden sich gegenseitig ausschließen?

44 Was zu einer Substanz (Täter) hinzugedacht wird, nämlich der Antrieb zum Handeln und dessen Folge, die Tat, könnte ebenso auch isoliert sein. Eine solche Abspaltung aber ist nach Nāgārjunas Ansicht nicht zulässig. Dieses Prinzip wurde hier bereits in 2.4, 10 und 20, vor allem aber in 6.5 angesprochen.

45 Druckfehler in der Ausgabe von de Jong (1977): statt *kāraṇam* lies *karaṇam*.

46 *phala* ist das Korrelat zu *hetu*; hier also schließt sich ein Kreis, der von Vers 3 ausging und den Kausalnexus von *kriyā* bis *kārya* durchlief.

47 Fehlt nämlich die von *kriyā* ausgegangene Kette (über *kāraṇa*, *kārya*, *phala*, *mokṣa* usw.), verliert auch dieser Anfang seine Bedeutung, denn ein Antrieb zum Handeln ergibt nur Sinn, wenn er tatsächlich zum Handeln führt.

8.8 Durch einen existierenden Täter wird nicht etwas Nicht-Existierendes ausgeführt und nicht durch einen nicht existierenden Täter etwas Existierendes. Denn daraus würden sich sonst alle bekannten [oben erwähnten] Fehler ergeben.[48]

8.9 Aus den oben genannten Gründen führt ein wirklicher Täter weder eine nicht wirkliche noch eine zugleich wirkliche und nicht wirkliche Tat aus.[49]

8.10 Aus den oben genannten Gründen führt auch ein nicht wirklicher Täter weder eine wirkliche noch eine zugleich wirkliche und nicht wirkliche Tat aus.

8.11 Es führt auch ein zugleich wirklicher und nicht wirklicher Täter nicht eine existierende noch eine nicht existierende Tat aus — aber auch das dürfte aus den oben genannten Gründen einsichtig sein.

8.12 [Vielmehr] entwickelt sich der Täter abhängig von der Tat und die Tat abhängig von diesem Täter. Eine andere Begründung für [deren] Existenz sehen wir nicht.

8.13 Eben durch diese Ablehnung [aller Konzepte] von Täter und Tat ist auch das ‚Ergreifen' (*upādāna*) zu verstehen (s. Kap. 9). Durch ‚Tat und Täter' soll man [auch alle] übrigen seienden Dinge [als gegenseitig abhängige] erkennen.

48 Offenbar bezieht sich der Hinweis auf Vers 3. Dort war ausgeschlossen worden, daß ein nicht existierender Täter eine nicht existierende Tat ausführen könnte, da ja beide keine Existenz-Grundlage haben, indem sie grundlos (*ahetuka*) sind. Hier soll nun deutlich werden, daß eine Handlung auch dann nicht zustande kommt, wenn nur eine der beiden Komponenten, Täter oder Tat, grundlos ist.

49 Die erste Alternative bezieht sich wiederum auf Vers 3, da ja eine nicht wirkliche Tat angesprochen ist, die zweite auf Vers 7, wo die Kombination von Seiendem und Nicht-Seiendem für unmöglich erklärt wurde. Auch die beiden folgenden Verse lassen sich auf die Verse 3 und 7 beziehen.

Kapitel 9
Das Frühere (*pūrva*)

Die Frage nach dem logischen Prius am Beispiel des Ergreifens und des Ergreifenden

Im vierten Kapitel wurde nach den Grundlagen der sogenannten ↗*upādāna-skandha*, den „Konstitutionsmomenten der Persönlichkeit", gefragt. Hier im neunten Kapitel werden diese Skandhas als das (menschliche) Aktionszentrum vorgestellt, von dem jegliches Handeln ausgeht. Insofern schließt sich dieses Kapitel logisch an das Kapitel 8 an, das in allgemeiner Weise von Tat, Täter und Tun sprach. Hier aber geht es nicht um dieses Allgemeine, sondern konkret um die menschliche Persönlichkeit, die handelt. Wenn man den Aspekt der Skandhas als Aktionszentrum herausstellen will, nennt man sie Upādāna-skandhas, also die Konstitutionsmomente der Persönlichkeit, welche die Objektwelt „ergreifen" (*upādā*).

Die von Candrakīrti überlieferte Sanskritfassung, der auch wir mit den Kapitelüberschriften folgen, nennt das Kapitel „Das Frühere" (*pūrva*), nämlich ‚früher' im Sinne des logischen Prius. Die (ältere) tibetische Überlieferung (↗*Akutobhayā*) gibt ihm dagegen, analog zum vorigen Kapitel und näher auf den Inhalt eingehend, den Titel "Der Ergreifende und das Ergreifen". Tatsächlich geht das Kapitel vorwiegend der Frage nach, ob der Ergreifende (Subjekt) bzw. das Ergriffene (Objektwelt) logisch früher als das Ergreifen (*upādāna*) sein kann. Hatte schon das Kapitel 8 mit dem Begriff Karma die Heilspraxis im Blick, so weist der hier zentrale Terminus *upādāna* auf die Bindung, auf den — wenn man so will — negativen Tatzusammenhang des Persönlichkeitskomplexes im Saṃsāra hin. Upādāna ist in der Gliederkette des Pratītyasamutpāda (s. Kap. 26) das neunte Glied und gilt in der traditionellen Interpretation als das entscheidende Glied, das zur neuen Existenz (↗*bhava*) führt (in der volkstümlichen Darstellung des Bhavacakra, des „Rades der Existenzen", wird Upādāna bildlich als Paar in sexueller Vereinigung dargestellt).

Hier nun geht es also um die Frage, ob das Subjekt als im weitesten Sinne Erkennendes früher ist als die Objektwelt, ja ob es hinter den einzelnen sinnlichen und erkenntnismäßigen Fähigkeiten überhaupt einen gibt, der diese Fähigkeiten hat. Dies zielt auf die Frage ab, ob nicht hinter den einzelnen Fähigkeiten ein ↗Ātman steht, der alles, Subjekt- wie Objektwelt, umgreift. Wäre es so, dann wäre man in der monistischen Welt der Upaniṣaden, bzw. ihrer Weiterentwicklung, dem Vedānta. Wenn es nicht so ist, wie der Buddhismus lehrt — weil ja alles aus Teilen zusammengesetzt ist — dann ergeben sich daraus die folgenden logischen Schwierigkeiten, denen Nāgārjuna im einzelnen nachgeht.

Jedem Teil der Persönlichkeit, d.h. jedem Skandha, ist ein bestimmter Bereich der „Objektwelt" zugeordnet (vgl. Kap. 3). In diesem Kapitel nun wird in Vers 10 auf eine alte Theorie von der Beziehung der einzelnen Sinnesfähigkeiten zu den sogenannten großen (kosmischen) Elementen (*mahābhūtāni*) angespielt (zu den Elementen vgl. auch Kap. 5). Dieser Theorie nach sind die einzelnen Sinnesfähigkeiten den großen kosmischen Elementen zugeordnet, weil sie aus diesen kommen und somit wesensmäßig an ihnen teilhaben. Die folgende Tabelle soll diese Beziehung der einzelnen Skandhas zur ‚Außenwelt' zeigen:

upādāna-skandha	*āyatana* (Grundlage)	*dhātu* (Objekt, Element)
rūpa-skandha (Körperlichkeit)	*cakṣur-indriya-āyatana* (Sehvermögen)	*tejas* (Feuer)
	śrotrendriya-āyatana (Hörvermögen)	*ākāśa* (Raum)
	ghrāṇendriya-āyatana (Riechvermögen)	*pṛthivī* (Erde)
	jihvendriya-āyatana (Schmeckvermögen)	*āp* (Wasser)
	kāyendriya-āyatana (Tastvermögen)	*vāyu* (Luft)
vijñāna-skandha (Erkennen)	*mana-indriya-āyatana* (Denkvermögen)	Erkennen der 6 Sinne von *cakṣus* bis *manas*
vedanā-skandha (Empfindung)		
saṃjñā-skandha (Wahrnehmung)	*dharma-āyatana*	*dharma-dhātu*
saṃskāra-skandha (Tatabsicht)		

Nach der alten Theorie der Upaniṣaden liegt der Träger der einzelnen Vermögen in erster Linie auf der Objektseite, d.h. in den großen Elementen, bzw. hinter diesen, was zur Theorie des Ātman führte. Nāgārjuna stellt hier also die Frage, ob sich der Träger nicht vielleicht im Bereich des Subjektes befindet. Ist das Subjekt aber in fünf Teile gespalten, dann könnte der Träger möglicherweise in einem dieser Teile zu finden sein. Versteht man unter *vijñāna* „Bewußtsein", wie gelegentlich übersetzt wird, so böte sich besonders der *vijñāna-skandha* als Träger der einzelnen Vermögen an. Diese Zuordnung wurde von den Buddhisten jedoch nicht vorgenommen. Man sollte bei *vijñāna* also nicht an „Bewußtsein" denken, was ja im Deutschen immer auch die Assoziation mit „Selbstbewußtsein" weckt, sondern das Wort besser mit „Erkennen" wiedergeben. Für diese Übersetzung spricht auch Folgendes: 1. ‚Erkennen' ist wie das Sanskritwort ein Verbalsubstantiv. 2. *vijñāna* drückt eine Relation zwischen den Konstituenten Selbst (Ich = Nicht-Objekt) und Objekt (= Nicht-Ich) aus und konstituiert diese beiden Bereiche erst. „Erkennen" wird dieser Funktion eher gerecht als „Bewußtsein". (Über Vijñāna als Relation vgl. auch Back [1987].)

In diesem Kapitel geht es also vornehmlich um zwei Fragen: 1. Die Frage, ob der „Objektbereich" dem jeweiligen Sinn vorgeordnet ist. Das ist gegen die alte upaniṣadische Tradition gerichtet, nach welcher die Sinnesfähigkeiten aus den entsprechenden Elementen kommen (vgl. Tabelle) 2. Die Frage, ob der Träger der Sinnesfähigkeiten gegenüber den Sinnesfähigkeiten — je einzeln oder zusammen — ein logisches Prius bildet. Diese Fragestellung zielt auf die Ātman-Lehre ab.

Beide Fragen werden natürlich verneint. Während die erste leicht zu beantworten ist, bedarf die Beantwortung der zweiten und die Ablehnung einer Ātman-Theorie einer genaueren Untersuchung. Diese erfolgt dann allerdings erst im zehnten Kapitel, für welches das vorliegende gleichsam propädeutische Funktion hat.

9.1 „Wer Sehen, Hören usw. (d.h. Riechen, Schmecken, Tasten und Denken) sowie Empfinden usw. (d.h. Bewußtsein, Tatabsicht und Erkennen) [als Arten des Ergreifens] hat, der existiert früher als diese", so behaupten nun einige.

9.2 Wie wäre es denn möglich, daß sich [das Ergreifen wie] Sehen usw. auf einen Seienden beziehen, der nicht zu finden ist? — Deshalb existiert der Seiende unabhängig (*bhāvo vyavasthita*) [und ist] früher als jene [Sinnestätigkeiten].

9.3 Wodurch wird dann aber dieser unabhängige Seiende, welcher früher ist als Sehen, Hören usw. und als Empfinden usw., erkannt?

9.4 Und wenn der unabhängige [Seiende] auch ohne Sehen usw. existiert, dann könnten diese [Arten des Ergreifens] zweifellos auch ohne jenen existieren.

9.5 Ein bestimmter [Seiender] wird [also] durch eine bestimmte [Art des Ergreifens] offenbar, eine bestimmte [Art des Ergreifens] wird durch einen bestimmten [Seienden] offenbar; woher [aber] kommt ein bestimmter [Seiender] ohne eine bestimmte [Art des Ergreifens], [und] woher kommt eine bestimmte [Art des Ergreifens] ohne einen bestimmten [Seienden]?

[Einwand:]

9.6 [Wohl] findet sich nicht ein bestimmter [Seiender], der früher wäre als alle [Arten des Ergreifens wie] Sehen usw., aber [der Seiende] wird in einem jeweils anderen Augenblick durch eine jeweils andere [Art des Ergreifens aus der Gruppe] Sehen usw. offenbar.[50]

[Nāgārjuna:]

9.7 Wenn sich [— wie du meinst —] ein [Seiender] vor allen [Arten des Ergreifens wie] Sehen usw. nicht findet, wie sollte er sich dann vor den je einzelnen [Arten des Ergreifens wie] Sehen usw. finden?

9.8 Wenn derjenige, der sieht, identisch ist mit dem Hörenden und dem Empfindenden, dann könnte er früher existieren als die je einzelnen [Arten des Ergreifens] — aber das trifft nicht zu.

9.9 Wäre aber einer der Sehende, ein anderer der Hörende, wieder ein anderer der Empfindende, so würden Sehender und Hörender getrennt nebeneinander existieren, und man hätte eine Vielzahl von Subjekten [als Träger der Sinnestätigkeiten].

9.10 Dieser [gesuchte Träger] findet sich jedoch auch nicht in jenen Elementen, aus welchen Sehen, Hören usw. wie auch Empfinden usw. hervorgehen.[51]

9.11 Ist aber niemand zu finden, der Sehen, Hören usw, sowie Empfinden usw. [als Träger] hat, dann sind auch jene [Tätigkeiten] nicht zu finden.

9.12 Wenn nun keiner gefunden wird, der früher als [die Sinnestätigkeiten] Sehen usw. oder gleichzeitig [mit ihnen] oder später [als sie] exi-

50 D.h.: Ein bestimmtes Subjekt, ein Seiender, kann in einem gegebenen Augenblick nur sehen, im nächsten Augenblick dann hören, im übernächsten dann riechen usw.

51 Gemeint sind die Mahābhūtāni, die fünf „Großen Elemente".

stiert, dann lösen sich solche Vorstellungen wie, „er existiert, er existiert nicht", auf.

Kapitel 10
Feuer und Brennstoff (*agni-indhana*)

Identität und Differenz

Für den Gedankengang der ersten 13 Kapitel der MMK bildet dieses zehnte Kapitel ein wichtiges Glied. Es wurde nicht zufällig schon sehr früh als einzelnes übersetzt (Schayer 1930). Ging es im Kapitel 9 um die Frage, ob in den einzelnen Teilen der Skandhas oder in den Sinnesvermögen oder gar in den großen Elementen der Träger der Tätigkeit zu finden sei, so wird hier jetzt nach dem Verhältnis des Ergreifenden zu den Skandhas, bzw. des ↗Ātman zu seinen Teilen, gefragt.

Das Bild von Feuer und Brennstoff ist traditionell. Es wurde bereits in vorbuddhistischer Zeit gebraucht, um dem Spannungsverhältnis zwischen Identität und Verschiedenheit zweier unmittelbar aufeinander bezogener Gegebenheiten Ausdruck zu verleihen. Einerseits muß nämlich das Feuer im Brennholz vorhanden sein, sonst könnte es nicht brennen, andererseits ist das Feuer vom Brennholz verschieden, sonst könnte das Feuer den Brennstoff nicht verzehren. Das Bild des Feuers findet schon in dem berühmten Sūtra von Vatsagotra und dem Feuer (MN 72, Aggivacchagottasutta) Anwendung, wo Vatsagotra den Buddha fragt, ob der Träger des Lebens (*jīva*) oder die hinter den Erscheinungsformen stehende, Einheit garantierende Substanz (*pudgala*, *ātman*) mit den Teilen (Skandhas) identisch sei oder nicht. Hierauf gibt der Buddha keine Antwort, denn er zählt dies zu jenen vierzehn Fragen, die nicht gestellt werden dürfen, weil es darauf nur falsche Antworten gibt (↗*avyākṛta*-Fragen).

Nāgārjuna setzt sich hier dennoch mit dem Problem auseinander. Für die Upādāna-Skandhas steht dabei nun nicht mehr (wie im vorigen Kapitel) der Aspekt des „Ergreifens" im Vordergrund, vielmehr werden sie als die Teile des ‚Feuers' ↗Ātman betrachtet, als dessen ‚Brennstoff' sie herhalten sollen. Festzuhalten ist, daß die ↗Abhidharma-Theorie in den Skandhas nicht irgendwelche abstrakten Konstituenten sieht, sondern ↗Dharmas. Es muß für sie also dasselbe zutreffen wie für alle übrigen Dharmas auch: Sie haben ihr *svalakṣaṇa* (Eigenmerkmal), sie gelten — je nach Schule — entweder als beständig, wie die Sarvāstivādins annehmen, oder als nur augenblicklich existent, wie es die ↗Vaibhāṣikas fordern.

Nāgārjuna will hier aber zeigen, daß die Skandhas und ein möglicher Träger (Ātman, Pudgala) in einem Verhältnis gegenseitiger Abhängigkeit stehen: Feuer (Ātman) ist nur vorhanden, wo es Brennstoff gibt; Brennstoff ist ein solcher nur, wenn er vom Feuer verbrannt wird. Wenn nun dieses gegenseitige Abhängigkeitsverhältnis aufgezeigt werden kann, dann ist erwiesen, daß beide wesenlos (↗*niḥsvabhāva*) sind und somit leer. Damit wird also die Frage, ob es einen Träger des Lebens, eine substanzielle Einheit hinter den Erscheinungsformen der Persönlichkeit gibt, hinfällig. Nāgārjuna, der ja für sich in Anspruch nimmt, Buddhas Lehre richtig zu interpretieren, gründet also die Nichtbeantwortbarkeit der Fragen nach Ātman und den Skandhas auf die Leerheit (↗*śūnyatā*) der beiden Größen. Ähnlich verfährt er auch mit den übrigen der 14 *avyākṛta*-Fragen (s. Kap. 22 und vor allem Kap. 25).

10.1 Wäre Feuer dasselbe wie Brennstoff, dann wären Täter und Tat identisch.[52] Wäre Feuer etwas anderes als Brennstoff, so könnte es auch ohne Brennstoff entstehen.

10.2 [Wenn Feuer auch ohne Brennstoff vorkäme:] Dann wäre [das Feuer] immer schon entflammt, es wäre nicht durch Anzünden begründet, [und auch] ein Wieder-Entzünden [des erloschenen Feuers] wäre ohne Sinn; und wäre es tatsächlich so, dann bliebe das Feuer [als ‚Täter' in Wirklichkeit] untätig.

10.3 Weil das andere (der Brennstoff) außer Betracht bleiben muß, wäre [das Feuer] nicht durch Anzünden begründet, [auch] das Wiederentzünden wäre sinnlos — es folgt ja [aus dem Gesondertsein des Feuers] zwingend, daß es immer schon entflammt ist.[53]

10.4 Wenn hier nun einer sagte: „Das, was hier gerade brennt, das ist der Brennstoff", [dann ist zu fragen:] Durch wen wird denn der Brennstoff verbrannt, wenn doch allein dieser [nicht auch das Feuer] vorhanden ist?

10.5 Als [vom Brennstoff] verschieden wird [das Feuer den Brennstoff] nicht erreichen; [den Brennstoff] nicht erreicht habend, brennt es nicht;

52 *indhana* wird als „Brennstoff" dem Agens Feuer als dessen ‚Betätigungsfeld', dessen Objekt, zugeordnet. Mit *karman* ist also nicht das Brennen des Feuers, seine Tätigkeit, gemeint (*indhana* könnte durchaus auch „Brennen" heißen), sondern das, worauf das Feuer sich als Handelndes bezieht — z.B. eben die Brennhölzer (hierzu Schayer [1930]: 29, Anm. 6.

53 Wenn das Feuer tatsächlich existieren soll, auch ohne an Bedingungen wie Brennstoff geknüpft zu sein, wenn es also ein *svabhāva* hat und somit völlig isoliert bestehen kann, so existiert es schon immer, er brennt immerzu (sonst wäre es ja kein Feuer) und kann auch nicht erlöschen.

brennt es aber nicht, so wird es nicht verlöschen. Nicht verlöschend wird es mit seinem Wesensmerkmal versehen (*svaliṅgavat*) [immerfort] bestehen bleiben.[54]

[Einwand:]

10.6 Wenn das Feuer, obgleich vom Brennstoff verschieden, den Brennstoff erreicht, [so ist das doch geradeso] wie eine Frau mit einem Mann und ein Mann mit einer Frau zusammenkommt.

[Nāgārjuna:]

10.7 Freilich könnte, obwohl vom Brennstoff unterschieden, Feuer zum Brennstoff gelangen, wenn [nämlich] Feuer und Brennstoff [wie das bei Mann und Frau der Fall ist] [auch] völlig unabhängig voneinander existieren könnten.

10.8 Wenn das Feuer den Brennstoff verlangt und Brennstoff das Feuer, welches der beiden ist dann das früher Entstandene, das als Feuer oder Brennstoff [nach dem jeweils anderen] verlangt?

10.9 Wenn das Feuer den Brennstoff verlangt, so legt man ein bereits vollendetes Feuer zugrunde. Wenn das aber so wäre, dann könnte es den Brennstoff auch ohne das Feuer geben.

10.10 Wenn ein Ding [ein anderes] verlangt, um sich [erst dadurch] zu vollenden, [zugleich aber umgekehrt auch das Verlangte] sich [erst] vollendet, indem es [wiederum jenes] verlangt, dann ist das, was verlangt wird, [zugleich auch etwas,] das sich vollenden soll. Wer verlangt [dann eigentlich] wonach?

10.11 Wenn ein Ding [ein anderes] verlangt, um sich zu vollenden — wie könnte es als [noch] nicht Vollendetes [nach etwas] verlangen? Aber auch wenn es als [bereits] Vollendetes verlangt, ist es doch nicht zulässig, daß es [noch etwas] verlangt.[55]

54 Das *liṅga* des Feuers ist „Hitze" (*auṣṇya*). In Candrakīrtis Kommentar zu 15.1 wird Hitze als das *svabhāva* des Feuers bezeichnet.

55 Für Nāgārjuna ist es also schlechthin unmöglich, daß die Existenz einer Sache von einer zweiten abhängt: Ist sie noch nicht vorhanden, kann sie nichts Zweites fordern, ist sie bereits vorhanden, dann braucht sie nichts mehr zu fordern.

10.12 Weder verlangt das Feuer nach dem Brennstoff, noch verlangt es nicht nach ihm. Auch verlangt der Brennstoff nicht nach dem Feuer, noch verlangt er nicht nach ihm.

10.13 Feuer geht nicht aus etwas [von ihm] Verschiedenen hervor — im Brennstoff ist es nicht zu finden. Das übrige zu ‚Brennstoff' wurde hier bereits durch „Gegenwärtig Begangenes, das Gegangene und das [noch] Nicht-Gegangene" (→ Kap. 2) erklärt.[56]

10.14 Feuer ist nicht dasselbe wie Brennstoff, [doch existiert] es auch nicht als unterschieden von ihm. Feuer ‚hat' den Brennstoff nicht, die Brennhölzer sind im Feuer nicht enthalten und das Feuer ist nicht in ihnen enthalten.[57]

10.15 Mit [der Untersuchung von] Feuer und Brennstoff ist zugleich der Weg [zur Lösung des Problems] von Ātman und Ergreifen restlos dargelegt, ebenso [wie für] ‚Topf', ‚Tuch' usw.[58]

10.16 Diejenigen, die entweder lehren, daß der Ātman [mit den Skandhas] und die Dinge [mit ihren Gründen und Bedingungen] eine Einheit bilden, oder aber lehren, daß sie jeweils gesondert für sich bestehen, die halte ich nicht für Kenner des Sinnes der Lehre [Buddhas].

56 Das heißt (mit Candrakīrti): Anstelle von „Gehen" setze man in Kapitel 2 „Brennen" ein. Entsprechend abgewandelt lautet dann z.B. Vers 1: „Das [bereits] Verbrannte wird nicht verbrannt; ebensowenig wird das [noch] nicht Verbrannte verbrannt. Getrennt von Verbranntem und Nicht-Verbranntem, wird auch das gegenwärtig Verbrennende nicht verbrannt." Es müssen hier dann auch die Ergebnisse des zweiten Kapitels gelten, daß also weder Verbrennen, noch ein Verbrennender, noch etwas zu Verbrennendes zu finden sei (vgl. 2.25).

57 Hier werden fünf Möglichkeiten einer Zuordnung zurückgewiesen, die auch in späteren Kapiteln Erwähnung finden (16.2; 22.1,8; 23.5). Die einzelnen Thesen für ein Bezugspaar A und B (meist sind das Ātman/Pudgala und die Skandhas) lauten also:
(1) Identität von A und B (*ekatvam*)
(2) Differenz von A und B (*anyatvam*)
(3) A besitzt B (*tadvat*)
(4) B ist in A enthalten (*ādhāra*)
(5) A ist in B enthalten (*ādheya*).

58 Mit „Topf, Tuch usw." wird darauf hingewiesen, daß die Ergebnisse der Untersuchung auch für natürliche Gegenstände gelten: Das vollendete Ding als Ganzes (Topf, Tuch) entspricht Ātman bzw. dem Feuer, seine Bestandteile (Ton, Fäden) und auch alles, was zu seiner Herstellung nötig ist (Töpferscheibe, das Töpfern, Webstuhl, das Weben usw.) entspricht den Skandhas bzw. dem Brennstoff.

Kapitel 11
Der Anfangs- und Endpunkt (*pūrva-apara-koṭi*)

Die Nicht-Zeitlichkeit des Saṃsāra

Nāgārjuna wechselt hier von der subjektiven Ebene (Kap. 8-10) wieder zur Objektebene. Waren die vorangegangenen Kapitel den Fragen gewidmet, wie der Zusammenhang zwischen Täter, Tat und Tun ist, wer früher ist, ob sie identisch oder verschieden sind, so richtet sich der Blick nun auf jenen Bereich, in dem die handelnde Person lebt: auf den ↗Saṃsāra. Mit Saṃsāra ist nicht nur die objektive Welt gemeint, in die eine handelnde Person gleichsam hineingestellt ist, vielmehr sind handelnde Person und Welt ineinander verwoben. Saṃsāra ist sowohl die Welt der Unerlöstheit, die sich ewig dreht — dargestellt als Kreis, der ja keinen Anfang und kein Ende hat —, als auch der Kreislauf der Wiedergeburten, den ein Lebewesen erleidet. Das Kapitel faßt die vorhergegangenen, sofern sie von einer Bewegung handeln, bzw. die Frage nach einem Früher oder Später, oder einer vorrangigen Substanz aufwerfen, zusammen (vgl. Vers 7). All dies ist nur relevant innerhalb des Saṃsāra. Die Gleichsetzung von Saṃsāra mit Nirvāṇa — auf der Basis ihres gemeinsamen Wesens in der Leerheit (↗*śūnyatā*) — ist hier noch nicht vollzogen; das wird erst Thema des Kapitels 25 sein. Im vorliegenden Kapitel folgt Nāgārjuna noch der traditionellen buddhistischen Auffassung und setzt den Saṃsāra kontradiktorisch dem Nirvāṇa gegenüber: Nirvāṇa als „Verlöschen" bedeutet demnach nur Verlöschen des Saṃsāra, also des Kreislaufs der Wiedergeburten eines einzelnen Lebewesens. Insofern jede Frage, die innerhalb des Saṃsāra aufgeworfen wird — und wo sonst sollte sie aufgeworfen werden? — sich wie der Saṃsāra selbst im Kreise dreht, wird es auf keine Frage eine endgültige und vernünftige Antwort geben.

11.1 Buddha, der große Weise, sagte: „Ein Anfangspunkt [des Saṃsāra] ist nicht zu erkennen"; der Saṃsāra ist nämlich ohne Ende und Anfang,[59] ohne Beginnen und Aufhören.

11.2 Ist etwas ohne Ende und ohne Anfang, woher sollte dann dessen Mitte kommen? — Deswegen gibt es hier unmöglich ein Früheres, Späteres und Gleichzeitiges.

11.3 Wäre Geborenwerden zuerst, Altern und Sterben danach, dann gäbe es Geborenwerden ohne Altern und Sterben, und man würde geboren werden, ohne [vorher] gestorben zu sein. [→ 27.10]

59 Siehe z.B. SN II 187.193; III 151; Divy 197[15].

11.4 Wäre Geborenwerden später, Altern und Sterben zuerst, wie könnte es dann — ohne Grund — für einen, der [noch] gar nicht geboren ist, Altern und Sterben geben?

11.5 Gleichzeitiges Geborenwerden und Altern und Sterben trifft auch nicht zu; [sonst] würde ja einer sterben, obwohl er gerade geboren wird, und beides [Geborenwerden und Sterben] wäre ohne Grund.

11.6 Wie aber kann man, wo Früheres, Späteres und Gleichzeitiges nicht herrschen, die Begriffe ‚Geborenwerden' und ‚Altern und Sterben' noch auseinanderhalten?

11.7 Ergebnis einer Handlung und Handlungsgrund, Zu-Kennzeichnendes und Kennzeichen, Empfinden und Empfindender, und was es sonst noch an Sachverhalten (↗*artha*) gibt:

11.8 [Für alle diese] — nicht nur für Saṃsāra — [gilt]: Ein Anfangspunkt ist nicht zu finden. Und auch für alle Dinge (↗*bhāva*) [gilt]: Ein Anfangspunkt ist nicht zu finden.

Kapitel 12
Das Leid (*duḥkha*)

Das vorige Kapitel untersuchte Saṃsāra als den objektiven, räumlich-zeitlichen Rahmen der Existenz. Hier nun rückt wieder der Mensch in den Vordergrund, der diesem Saṃsāra, dem anfangs- und endlosen Wandern durch die Existenzen, entrinnen will, denn die Existenz, der beständig wiederkehrende Wechsel von Vergehen und Entstehen, bedeutet vor allem eines: Leid (*duḥkha*). Dabei ist zu beachten, daß Leid nach buddhistischer Auffassung nicht bloß subjektives Empfinden ist, das gelegentlich auftaucht und auch wieder verschwindet, um dem Glück oder der Freude Platz zu machen, vielmehr ist das Leid eine universelle Größe, an der alles Anteil hat. Diese Erkenntnis bildet den Kern der Lehre des Buddha, der als die erste der ‚Vier edlen Wahrheiten' (s. Kap. 24) verkündet hat: „Alles ist Leid". In der buddhistischen Scholastik des ↗Abhidharma hat dies zu dem Lehrsatz geführt, daß allen Dharmas der Objektwelt, also allen ↗*saṃskṛta*-Dharmas, das Leid untrennbar anhaftet, wie sie etwa auch alle unbeständig sind (*a-nitya*) und ohne Selbst (*an-ātman*).

Nāgārjuna will nun im vorliegenden Kapitel zeigen, daß für das Leid — fragt man nach seiner Herkunft — keine Existenzgrundlage zu finden ist, denn weder kann es durch sich selbst geschaffen sein, noch durch anderes, noch zugleich durch sich selbst und anderes, noch auch kann es ohne jeden Grund existieren, d.h.: Weder durch sich noch durch anderes geschaffen sein. Alle vier Möglichkeiten dieses Tetralemma hatte bereits der Buddha selbst zurückgewiesen, jedoch ohne die Begründung im einzelnen darzulegen (SN 2.19-22). Dies will Nāgārjuna hier nachholen und zugleich auf die Konsequenzen dieser Analyse hinweisen: Wenn es das Leid als reale Größe nicht gibt, so muß, wenn doch alles Seiende leidbehaftet ist, auch die Realität aller übrigen Dinge der Objektwelt in Frage gestellt werden (Vers 10).

12.1 Einige stellen die Behauptung auf: „Leid ist durch sich selbst geschaffen"; [andere:] „es ist durch anderes geschaffen"; [wieder andere:], „es ist durch beides [sich selbst und anderes] geschaffen"; [wieder andere:] „es ist [ganz] ohne Ursache". Doch trifft nicht zu, daß Leid überhaupt etwas ist, das ‚geschaffen' werden kann.

12.2 Wenn durch sich selbst geschaffen, wäre [Leid] nicht abhängig. Tatsächlich jedoch entstehen jene [künftigen leidbehafteten] Skandhas in Abhängigkeit von diesen hier.[60]

12.3 Wenn diese [Skandhas] hier andere als jene [zukünftigen], und jene andere als diese wären, dann wäre das Leid durch anderes geschaffen, [denn] jene wurden durch diese als die anderen geschaffen.[61]

12.4 Wenn nun das Leid durch die eigene Person (*svapudgala*) [als das andere] geschaffen wäre, was wäre das dann für eine Person, die ohne Leid war und sich das Leid [erst] selbst geschaffen hat?[62]

60 Das heißt: Das Leid, mit welchem die Skandhas der jetzigen Person verbunden sind, wird dazu führen, daß auch die Skandhas der zukünftigen Existenz leidbehaftet sein werden. Das zukünftige Leid ist also durch das jetzige bedingt, wie auch das jetzige durch das vorige. Weil also Leid bedingt ist, kann es nicht durch sich selbst geschaffen sein.

61 Wenn sich die Skandhas unterscheiden, dann muß sich auch deren Leid unterscheiden — dieser Gedanke liegt dem Argument zugrunde.

62 Die Verse 4-7 untersuchen die Möglichkeit, ob Leid durch etwas anderes als sich selbst geschaffen sein könnte. Dabei werden wiederum zwei Fälle unterschieden: Das vom Leid selbst unterschiedene andere ist entweder die eigene Person oder eine andere Person. In beiden Fällen ergibt sich die gleiche Schwierigkeit. Wenn das Leid durch irgend jemanden geschaffen wird, so kann es von diesem jemand als dessen Produkt unterschieden werden. Liegt aber ein Unterschied vor, so müßte beides auch isoliert bestehen können. Das aber ist nach der Theorie nicht möglich, denn alles Seiende ist ja leidbehaftet. Ist also das Leid eines *pudgala* (Person) durch eben diesen *pudgala* geschaffen worden, dann müßte dieser *pudgala* zuerst ohne Leid gewesen sein, was nicht möglich ist. Ist es im zweiten Fall durch einen anderen *pudgala* geschaffen worden, der es auf den eigenen dann überträgt, so hätten nicht nur jener andere und der eigene

12.5 Ist das Leid durch eine andere Person entstanden, wie wäre dann die [eigene ursprünglich] leidlose [Person] möglich, auf die das Leid übertragen wird, das der andere geschaffen hat?

12.6 [Und außerdem:] Wäre das Leid durch eine andere Person entstanden, wer wäre dann diese andere [selbst nun] leidlose Person, welche [das Leid zwar] schafft, doch es auf einen anderen überträgt?

12.7 Wenn nicht aufweisbar ist, daß es durch sich selbst (bzw. den eigenen *pudgala*) geschaffen ist, wie könnte es dann [möglich sein,] daß das Leid durch etwas anderes (bzw. einen anderen *pudgala*) geschaffen ist? Denn: Würde auch ein anderer das Leid schaffen, für diesen [anderen] wäre es [doch] selbstgeschaffen![63]

12.8 Leid ist insofern nicht selbstgeschaffen, als etwas unmöglich durch sich selbst geschaffen sein kann.[64] Und wenn auch der andere (*pudgala* bzw. dessen Leid) nicht selbstgeschaffen ist, wie könnte das Leid da Fremd-Geschaffenes sein?

12.9 Das Leid könnte durch beides zusammen [sich selbst und anderes] geschaffen sein, wenn es [durch beide] je einzeln geschaffen werden könnte. [Und] woher sollte [schließlich] ursacheloses Leid kommen, [das also] weder durch sich noch durch anderes geschaffen ist?

12.10 Die Vierfachheit [der Ursachen] [→ 1] ist nicht nur für das Leid nicht aufzufinden, man findet sie auch für [alle übrigen] Dinge der Objektwelt nicht.

pudgala ursprünglich kein Leid gehabt, sondern zusätzlich würde der andere es nach der Übertragung auch wieder verloren haben.

63 Geht man davon aus, daß — wie es die Lehre besagt — das Leid vom Dharma nicht zu trennen ist, daß es also streng genommen keinen Unterschied zwischen *pudgala* und *duḥkha* gibt, dann erklärt sich, weshalb Nāgārjuna *svayaṃ-kṛta* („durch sich selbst geschaffen") und *sva-pudgala-kṛta* („durch die eigene Person geschaffen") hier offenbar nicht unterscheidet.

64 Agens (*kartṛ*) und Objekt der Handlung (*karman*) wären sonst ja identisch. Dies wäre dem Fall vergleichbar, daß die Klinge eines Schwertes sich selbst schneidet (vgl. auch die Anm. zu 7.1cd).

Kapitel 13
Die Zusammensetzung (*saṃskāra*)[65]

Die Leerheit aller Dinge

Mit der Einführung des Begriffs ↗*śūnyatā*, „Leerheit", und dem Hinweis, alle Dinge hätten als (einzige) Eigenschaft eben diese Leerheit (Vers 3), bildet das dreizehnte Kapitel für den bisherigen Gedankengang der MMK einen vorläufigen Abschluß.

Wenn alle Gegebenheiten der Welt leer sind, kann es Nicht-Leeres nicht geben. Deshalb trifft für die Leerheit nicht zu, was für alles andere gilt, nämlich daß sie in Abhängigkeit entstanden ist und somit in einem ontologischen Bedingungsverhältnis steht. Weil es zur Leerheit also keinen kontradiktorischen Gegenbegriff gibt, der etwas Reales bezeichnet, entzieht sich die Leerheit selbst der ‚Realität' (Vers 7). Sie ist nicht etwa reale Eigenschaft realer Substanzen, sondern höhlt als die absolute Nicht-Eigenschaft alles durch ↗*prapañca* Entfaltete und scheinbar Reale aus, um es mit sich in die Irrealität zu nehmen.

Die Leerheit ist keine Theorie, keine Ansicht (*dṛṣṭi*) der Welt, zu welcher eine Gegenansicht formuliert werden könnte. Im Gegenteil: Leerheit hebt alle Ansichten auf, denn wenn die Dinge tatsächlich leer, d.h. substanz- und eigenschaftslos sind, dann kann es keine wahren oder falschen Ansichten von ihnen geben: Darüber zu diskutieren, ob der Sohn einer unfruchtbaren Frau hell- oder dunkelhäutig ist, ist unsinnig. Nur durch die Leerheit, also dadurch, daß keine Ansichten gebildet werden, ist der Kreis von Argument und Gegenargument, Ansicht und Gegenansicht zu durchbrechen. Oder anders: Indem ich erkenne, daß alle Theorien falsch sind — und gerade dies zu zeigen, ist Nāgārjuna in den einzelnen Kapiteln der MMK bemüht — eröffnet sich mir die Möglichkeit, die Welt so zu sehen wie sie wirklich ist: leer. Ich sehe, daß Saṃsāra mit Nirvāṇa identisch ist, und ich bin erlöst, wenn alle Ansichten verschwunden sind.

13.1 „Was trügerische Eigenschaft hat (*moṣadharma*), ist unwirklich (*mṛṣā*)", so lehrte der Erhabene. Alle Zusammensetzungen [aus Entstehen, Bestehen und Vergehen] haben trügerische Eigenschaft. Deshalb sind sie [alle] unwirklich.[66]

65 Der Begriff ↗*saṃskāra* steht hier für das Prinzip „Zusammensetzung", das allen ↗*saṃskṛta*-Dharmas zugrunde liegt. Gemeint ist an dieser Stelle also nicht der *saṃskāra*-↗Skandha, der die „Tatabsichten" eines Pudgala ausmacht bzw. das zweite Glied des ↗Pratīyasamutpāda bildet.

66 Das am Anfang des Verses zitierte Buddhawort ist in MN III 245[17] und Suttanipāta 757 überliefert. Beide Pāli-Texte bezeichnen darüber hinaus das Nirvāṇa als „nicht trügerische Eigenschaften habend" (*amosadhammaṃ nibbānaṃ*). Wenn nun Nirvāṇa der einzige ↗*asaṃskṛta*-↗Dharma ist, so heißt dies für die ↗*saṃskṛta*-Dharmas, daß sie alle-

13.2 Wenn unwirklich ist, was trügerische Eigenschaft hat, was wird dann noch betrogen?[67] — Was der Erhabene gesagt hat, ist ja eine Umschreibung für die Leerheit [aller Dinge].

13.3 [Alle] Dinge sind ohne Eigensein, weil man an ihnen Wesensveränderung sieht. Aufgrund der Leerheit [aller] Dinge gibt es [allerdings] kein Ding ohne Eigensein.[68]

13.4 Welches [Ding] könnte Wesensveränderung haben, wenn sich kein Eigensein findet? — [Aber auch:] Welches [Ding] könnte Wesensveränderung haben, wenn sich ein Eigensein findet?[69]

13.5 Wesensveränderung trifft weder für ein und dieselbe Sache (*tasyaiva*) zu noch für anderes (*anyasyaiva*). Deshalb altert weder der Junge noch der Alte.[70]

13.6 Wenn Wesensveränderung ein und dieselbe Sache betrifft, dann ist süße Milch dasselbe wie saure Milch. [Wenn die Veränderung jedoch

samt trügerische Eigenschaften haben. Diese Erkenntnis bildet in Nāgārjunas Syllogismus den Mittelsatz. Weil aber, was trügerische Eigenschaft hat, „unwirklich" ist (*mṛṣā*, eigentlich „falsch"), lautet der Schluß: alle *saṃskṛta*-Dharmas sind unwirklich (zu Etymologie und Bedeutung des Wortes *moṣadharma* s. Schayer [1931]: 26, Anm. 20; Edgerton, *Dictionary*, s.v. *moṣa-dharma*).

67 Auch die eigene, scheinbar ‚betrogene' Person, ist ja aus Zusammensetzungen gebildet, also ebenfalls unwirklich.

68 In Vers 2 hatte Nāgārjuna das zitierte Buddhawort als Umschreibung für die Leerheit aller Dinge interpretiert. Somit hätten die Dinge zumindest eine ‚Eigenschaft', eben *śūnyatā*, die Leerheit. Wo aber eine Eigenschaft (↗*dharma*) ist, so erläutert Candrakīrti, muß auch ein Träger der Eigenschaft (*dharmin*) sein. Es müßte folglich als Substrat der Eigenschaft den Dingen ein Eigensein (*svabhāva*) zugrunde liegen. Dies aber widerspricht der Überzeugung Nāgārjunas, daß sich Dinge mit Eigensein in keiner Weise verändern dürfen. Da aber gerade solche Veränderung allerorts beobachtet wird, steht Nāgārjuna vor dem offenkundigen Dilemma, beides, Eigensein und Nicht-Eigensein der Dinge, nachgewiesen zu haben. Das Paradox der Wesensveränderung wird in den drei folgenden Versen nun weitergetrieben.

69 Was kein Eigensein hat, kann sich in dieser (fehlenden) Substanz ja nicht ändern; was Eigensein hat, bleibt jedoch per definitionem in seinem Wesen völlig unangetastet (vgl. auch 15.9).

70 ‚Altern' wird als typisches Beispiel für Wesensveränderung (*anyathā-bhāva*) genommen: Betrifft die Veränderung ein und dasselbe Wesen — z.B. den Jüngling, so würde man von einem ‚gealterten Jüngling' sprechen können, denn als derselbe müßte er auch mit siebzig Jahren ein ‚Jüngling' geblieben sein. Trifft die Veränderung aber nicht mehr den Jungen, sondern bereits den Alten, also den anderen, so hätte der bereits Gealterte unsinnigerweise ein zweites Altern bekommen.

nicht dieselbe Sache trifft, so folgt daraus:] Sauermilch könnte auch aus allem anderen als süßer Milch entstehen.[71]

13.7 Wenn es etwas Nicht-Leeres gäbe, könnte auch etwas Leeres existieren. Etwas Nicht-Leeres gibt es aber nicht, woher sollte also etwas Leeres kommen?

13.8 Die Leerheit wurde von den „Siegreichen", den Buddhas, als Zurückweisung jeglicher Ansicht gelehrt. Diejenigen aber, für welche die Leerheit eine Ansicht ist, die wurden für unheilbar erklärt.

Kapitel 14
Die Verbindung (*saṃsarga*)

Die Andersheit

Der Begriff *saṃsarga*, mit welchem die Sanskrit-Tradition das Kapitel überschreibt, meint in der buddhistischen Wahrnehmungstheorie die „Verbindung" der drei für eine Wahrnehmung notwendigen Komponenten Objekt (Sichtbares), Akt (Sehen) und Subjekt (Seher). Eine solche Verbindung für sich bestehender Elemente (*pṛthag-dharma*) fordert die Theorie für alle Grundlagen der Wahrnehmung (↗*āyatana*), also die sechs Sinnestätigkeiten (↗*indriya*) mit deren jeweiligen Objekten (↗*viṣaya*) und Subjekten. Darüber hinaus soll nach Vers 2 unseres Kapitels auch der Bereich „Leidenschaft" (*rāga*), nämlich die Leidenschaft selbst, der von ihr Ergriffene und der Gegenstand der Leidenschaft bzw. die gesamte, von Leidenschaft angeführte Gruppe der sechs ↗*kleśa* (Anhaftungen) dem Prinzip *saṃsarga* unterworfen sein.

Gleich im ersten Vers weist Nāgārjuna nun zurück, daß es eine derartige Verbindung der Elemente geben könnte. Seine Argumentation stützt sich dabei in diesem Kapitel auf den zentralen Begriff „Andersheit" (*anyatva*): Eine Verbindung ist nur zwischen nicht-identischen Gegebenheiten möglich, zwischen Gegebenheiten also, die sich als ein jeweils anderes erkennen lassen. Das Identische, so wäre zu ergänzen, kann bzw. braucht sich nicht mehr zu verbinden (vgl. 6.4). Wäre nun das Sichtbare etwas anderes als der Seher oder das Sehen, dann könnte es wohl eine Verbindung dieser Elemente geben. Weil die Begriffe jedoch in gegenseitiger Abhängigkeit stehen — ohne Seher und Sehen gibt es das Sichtbare

71 Wörtl.: „Irgendetwas anderem als süßer Milch wird das Wesen der Sauermilch werden." Andersheit impliziert für Nāgārjuna absolute Trennung des einen vom anderen. Wäre also das Veränderte ein anderes, so hätte es mit dem Ursprünglichen nichts zu tun, es dürfte keinerlei Beziehung — auch keine kausale — zwischen den beiden geben.

nicht usw. (vgl. 3.6) —, kann hier keine Andersheit zugrunde liegen, denn Andersheit hieße, daß die Elemente nichts miteinander zu tun hätten, daß sie auch völlig unabhängig voneinander existieren könnten. Auf der anderen Seite jedoch — und hierauf spielt Vers 4 an — erscheint auch die Kombination von Verbindung und Andersheit ausgeschlossen: „... wenn irgendetwas Beliebiges [nur] mit irgendetwas anderem zusammen besteht, kommt Andersheit nicht vor." Beim Zusammenschluß wird die Andersheit aufgehoben, womit sich die Verbindung gleichsam ihrer eigenen Grundlage beraubt, denn sie war ja ursprünglich auf die Andersheit der zu verbindenden Elemente angewiesen. Nāgārjuna will hier ein grundlegendes Dilemma aufzeigen.

Ähnlich auch Nāgārjunas allgemeine Analyse des Begriffs Andersheit (Vers 5ff.): Im Gegensatz etwa zur brahmanischen Philosophie der Nyāya-Vaiśeṣikas, welche das Anderssein als eine dem Gegenstand innewohnende Qualität begreifen (näheres bei Schayer [1931]: 45, Anm. 35), gehen die Mādhyamikas davon aus, daß Andersheit als Begriffshypostase allein dem diskursiven Denken entspringt. Ein anderes ist ein solches also nur in Korrelation zu einem anderen. Hier eröffnet sich für Nāgārjuna ein weiterer Widerspruch. Wenn das andere nur in Abhängigkeit vom anderen ein anderes ist, so ist es also in seiner Existenz (als anderes) vom anderen abhängig. Genau wie das Sichtbare, das von Seher und Sehen abhängig ist und deshalb nichts anderes sein kann, kann auch gegenseitig Abhängiges nicht durch Andersheit unterschieden sein, wie sehr es auch das andere sein soll. Das andere beraubt sich durch seine Abhängigkeit vom anderen seiner Andersheit; Abhängigkeit und Andersheit widersprechen sich gegenseitig. Verbindung, Andersheit und auch der Gegenbegriff Selbigkeit erweisen sich so als leere und in sich widersprüchliche Begriffe.

14.1 Das Sichtbare, das Sehen und der Seher: Diese drei verbinden sich nun miteinander weder paarweise noch als Ganzes.

14.2 In gleicher Weise sind Leidenschaft, der von ihr Ergriffene und Gegenstand der Leidenschaft zu sehen, und im Sinne dieser Dreiheit [für sich bestehender Elemente] auch die übrigen Anhaftungen (↗*kleśa*) [, von denen Leidenschaft die erste ist,] und die übrigen Grundlagen des Sinnlichen [, von denen das Sichtbare die erste ist].

14.3 Verbindung gibt es [nur] zwischen zwei [Gegebenheiten], die einander andere sind. Weil sich solche Andersheit jedoch beim Sichtbaren usw. (dem Sehen und dem Subjekt des Sehens) nicht findet, deshalb verbinden die [drei] sich nicht.

14.4 Aber nicht nur beim Sichtbaren usw. findet sich keine Andersheit, auch dann, wenn irgendetwas Beliebiges [nur] mit irgendetwas anderem zusammen besteht, kommt Andersheit nicht vor.

14.5 Etwas, das anders ist, gibt es als anderes nur in Abhängigkeit von etwas anderem; nichts ist anders ohne etwas anderes. Aber wovon etwas abhängig ist, dem gegenüber ist es unmöglich etwas anderes.

14.6 Wenn ein anderes anders als das andere ist, dann könnte es auch ohne das andere bestehen. Ein anderes existiert als anderes aber nicht ohne das andere. Also existiert es überhaupt nicht.

14.7 Die Andersheit [als Qualität] ist weder im anderen noch im nichtanderen zu finden. Und weil [die Qualität der] Andersheit nicht aufzufinden ist, existiert weder anderes noch selbiges.

14.8 Weder verbindet sich dasselbe mit demselben noch etwas anderes mit anderem. Weder findet sich das Verbinden, noch das Verbundene, noch etwas, das verbindet.

Kapitel 15
Das Eigensein (*svabhāva*)

Dieses Kapitel wirft die Frage nach der Möglichkeit einer Ontologie auf. Ein Ding, das existiert, hat sein je eigenes unveränderliches Merkmal (*svalakṣaṇa*, vgl. Kap. 5 und 7). Im allgemeineren Sinne ist dieses dem Ding verbundene Wesensmerkmal sein Eigensein (*svabhāva*); d.h. insofern ein Ding existiert, ist bzw. hat es *svabhāva*. Wenn nun ein Ding aufgrund seines *svabhāva* tatsächlich existiert, ist es nicht geworden, und es ist nicht aus Ursachen und Bedingungen hervorgegangen, denn *svabhāva* ist definiert als unveränderlich (vgl. 24.26). Wenn *svabhāva* also entstanden wäre, wäre es „Gemachtes", „Geschaffenes" (*kṛta*, *kṛtaka*, Vers 1). Als Beispiel sei hier Feuer und Wasser angeführt: Hitze ohne Feuer gibt es ebensowenig wie Feuer ohne Hitze. Hitze ist also das Wesensmerkmal oder Eigensein des Feuers. Beim Wasser wäre die Hitze dagegen ein Akzidenz: Wasser mag unter Umständen heiß sein, dann ist seine Hitze aber geschaffen und kann somit niemals das Eigensein des Wassers ausmachen.

Dieser statische Seinsbegriff wird von Nāgārjuna auch an anderen Stellen in den MMK immer wieder polemisch angegriffen, wobei die im folgenden stichwortartig zusammengefaßten Implikationen die Grundlage seiner Kritik bilden:

1. Wenn jedes reale Ding ein Eigensein hat, hat es mit einem je anderen Ding nichts zu tun. Alle realen Gegebenheiten existieren völlig isoliert für sich allein.
2. Ein Eigensein ist hinsichtlich eines anderen Eigenseins ein Fremdsein (*parabhāva*, Vers 3). Beispiel: Flüssigsein ist für Wasser *svabhāva*, für Feuer *parabhāva*.
3. Nur was ein Eigensein hat, gilt als existent bzw. darf ‚Seiendes' (↗*bhāva*) genannt werden. Auch dem Erkennen von ‚Nicht-Seiendem' liegt das Kriterium Eigensein/Nicht-Eigensein zugrunde.
4. Wenn es ein Eigensein gibt, dann ist es fest, d.h.: Es ist nicht entstanden, es vergeht nicht, und es verändert sich nicht (zum Problem der Veränderung siehe auch 13.3ff. und vor allem Kap. 17).
5. Wenn es ein Eigensein gibt, gibt es auch Fremdsein. Aber die durch Andersheit unterschiedenen Dinge haben nichts miteinander zu tun (das Problem der Verbindung zwischen verschiedenartigen Dingen wurde im vorhergegangenen Kapitel besprochen).

Die Probleme, die Nāgārjuna hier anspricht, sind nun nicht aus der Luft gegriffen, sondern sind konsequente Fragestellungen, die sich aus der Kontroverse zwischen den ↗Sarvāstivādins und den ↗Sautrāntikas hinsichtlich der Dharmatheorie ergeben. Wenn die Sarvāstivādins behaupten, ein ↗Dharma existiere durch alle drei Zeiten hindurch, dann hängen sie nach Nāgārjuna der Theorie an, alles sei, bzw. alles sei beständig. Wenn die Sautrāntikas behaupten, der Dharma existiere nur, wenn er in einem bestimmten Augenblick existiert, dann hängen diese nach Nāgārjuna der Theorie an, alles sei nicht, bzw. alles sei vergänglich. Beide Ansichten werden von Nāgārjuna natürlich verworfen. Dabei beruft er sich in Vers 7 ausdrücklich auf entsprechende Äußerungen des Erhabenen selbst, die im Kātyāyanāvavāda (Pāli: Kaccānāgottasutta, SN 12.15 (=Bd. II, S. 16f.) überliefert sind. Diese Stelle soll hier im Wortlaut zitiert werden:[72]

> Ort der Begebenheit: Sāvatthī. Und es begab sich der würdige Sproß aus dem Hause Kaccāyana (Sanskrit: Kātyāyana) dorthin, wo der Erhabene sich befand. Nachdem er sich dorthin begeben und den Erhabenen ehrfürchtig begrüßt hatte, setzte er sich zur Seite nieder. Zur Seite sitzend, sprach dann der würdige Sproß aus dem Hause Kaccāyana zu dem Erhabenen also: „Rechte Ansicht,[73] rechte Ansicht, Herr, sagt man. In wie weit, Herr, gibt es nun rechte Ansicht?" — „Auf zweierlei (Möglichkeit) kommt, Kaccāyana, diese Welt zumeist hinaus, auf Sein und auf Nichtsein. — Für den nun, Kaccāyana, der den Ursprung der Welt der Wirklichkeit gemäß mit richtigem Verständnis betrachtet, gibt es das nicht, was in der Welt ‚Nichtsein' (heißt); für den aber,

72 Übersetzung Geiger, S. 23f.

73 ‚Rechte Ansicht' (Pāli *sammādiṭṭhi*, Sanskrit *samyag-dṛṣṭi*) ist das erste Glied des „Edlen achtgliedrigen Pfades" (↗*āryāṣṭāṅgamārga*).

Kaccāyana, der die Aufhebung der Welt der Wirklichkeit gemäß mit richtigem Verständnis betrachtet, gibt es das nicht, was in der Welt ‚Sein' (heißt). — Durch Aufsuchen, Erfassen und Dabeiverbleiben ist ja, Kaccāyana, diese Welt zumeist gefesselt. Wenn nun jemand, Kaccāyana, dieses Aufsuchen und Erfassen, das Wollen des Denkens, sein Eindringen und Darinbeharren nicht aufsucht, nicht erfaßt, nicht dazu den Willen hat in dem Gedanken: es ist in mir kein Ich, — und wenn er dann daran, daß Leiden alles ist, was entsteht und Leiden alles ist, was vergeht, nicht zweifelt und kein Bedenken hat und infolge seines ausschließlichen Vertrauens schon das Wissen hievon besitzt — in so weit, Kaccāyana, gibt es rechte Ansicht. — ‚Alles ist', das, Kaccāyana, ist das eine Ende. ‚Alles ist nicht', das ist das andere Ende. Diese beiden Enden vermeidend, verkündet in der Mitte der Tathāgata seine Lehre: — Aus dem Nichtwissen (Sanskrit *avidyā*) als Ursache entstehen die Gestaltungen (*saṃskāra*); aus den Gestaltungen als Ursache entsteht das Bewußtsein (*vijñāna*) usw. usw. Auf solche Art kommt der Ursprung der ganzen Masse des Leidens zustande. Aus dem restlosen Verschwinden aber und der Aufhebung des Nichtwissens folgt Aufhebung der Gestaltungen; aus der Aufhebung der Gestaltungen folgt Aufhebung des Bewußtseins usw., usw. Auf solche Art kommt die Aufhebung der ganzen Masse des Leidens zustande."

Die Frage nach dem Eigensein wird durch Verweis auf den ↗Pratītyasamutpāda autoritativ gelöst: Alles ist nur insofern, als es bedingt entstanden ist, alles ist nicht, insofern es bedingt entstanden ist.

In diesem Zusammenhang setzt sich Nāgārjuna noch mit einer anderen Theorie auseinander, die in Indien immer präsent war und vor allem für die verschiedenen Heilslehren bedeutsam wurde: Das Sāṃkhya-System mit seiner Lehre von der Urnatur (*prakṛti*) (Verse 8-9). Danach kommt alles, was ist, aus der Urnatur; sie bildet für alles Seiende den Grund. Auch für die Urnatur gilt jedoch, daß sie — genau wie *svabhāva* — unveränderlich ist, womit sich das Problem lediglich von *svabhāva* auf *prakṛti* verlagert (Candrakīrti glossiert *prakṛti* konsequent mit *svabhāva*): Die beobachtete Veränderung (*anyathābhāva*) der Dinge läßt sich nämlich weder durch das Vorhandensein einer zugrundeliegenden *prakṛti* erklären noch durch deren Nicht-Vorhandensein. Im ersten Fall müßte sie es sein, die sich verändert — das aber ist ganz und gar ausgeschlossen, im zweiten Fall, wenn es keine *prakṛti* gibt, fehlt auch alles Reale, das sich verändern könnte, denn sie soll ja die einzige Existenzgrundlage sein.

15.1 Das Eigensein kann unmöglich aus Bedingungen und Gründen entstehen. Ein Eigensein, das aus Gründen und Bedingungen hervorgegangen ist, wäre etwas künstlich Geschaffenes (*kṛtaka*).

15.2 Wie aber könnte denn Eigensein etwas Geschaffenes sein? — Das Eigensein ist ja nichts Künstliches und völlig unabhängig von anderem.

15.3 Doch woher käme Fremdsein (*parabhāva*), wenn es kein Eigensein gibt? Denn es ist ja das Eigensein von etwas anderem, das Fremdsein genannt wird.

15.4 Und woher käme Seiendes (↗*bhāva*), wenn es weder Eigensein noch Fremdsein gibt? Denn nur wenn Eigensein und Fremdsein existieren, wird ‚Seiendes' [als real] nachgewiesen.

15.5 Wenn Seiendes nicht erwiesen ist, erweist sich auch Nicht-Seiendes (*abhāva*) nicht, denn [der Begriff] ‚Nicht-Seiend' wird gemeinhin als Veränderung (*anyathābhāva*) [des Begriffs] ‚Seiend' verstanden.[74]

15.6 Diejenigen, die Eigensein, Fremdsein, seiend und nicht-seiend sehen, die sehen nicht die Wahrheit (*tattva*) in der Lehre Buddhas.

15.7 Im Kātyāyanāvavāda wurden vom Erhabenen, der [das Problem von] Seiend und Nicht-Seiend genau erkannt hat, beide [Ansichten], „es ist" und „es ist nicht", zurückgewiesen.

15.8 Ginge Existenz (*astitva*) auf eine Urnatur (*prakṛti*) zurück, so könnte sie (Existenz) unmöglich nicht existieren, denn eine Veränderung der Urnatur ist gänzlich ausgeschlossen.

15.9 Wenn nun die Urnatur nicht existiert, wessen Veränderung würde es dann geben? — [Aber auch:] Wenn die Urnatur existiert, wessen Veränderung würde es dann geben?[75]

15.10 Sagt man, „es ist", hält man an ewiger Dauer fest. Sagt man, „es ist nicht", hat man die Vorstellung des Aufhörens [der Dinge]. Deshalb möge sich der Verständige nicht auf die beiden [Ansichten], „es ist" und „es ist nicht", festlegen lassen.

15.11 Denn falls etwas aufgrund eines Eigenseins tatsächlich existiert, so wird man von dem nie sagen können, „es ist nicht"; [das bedeutet]

74 Gemeint ist wohl die Modifikation des Wortes ↗*bhāva* durch Hinzufügen des privativen ‚*a*'. Fehlt nun das Grundwort, läßt sich auch durch Hinzufügen nichts abwandeln (vgl. 25.8 mit Anmerkung).

75 Vgl. 13.4.

ewige Dauer. Und wenn man sagt, „etwas existiert jetzt nicht mehr, war aber früher", ergibt sich zwangsläufig [die Vorstellung vom] Aufhören.

Kapitel 16
Bindung und Befreiung (*bandhana-mokṣa*)

Dieses Kapitel zeigt nun eine der Konsequenzen auf, die sich aus dem mit *svabhāva* verbundenen statischen Seinsbegriff (Kap. 15) ergeben. Etwas, das solchermaßen existiert, kann nicht entstehen und nicht vergehen, es kann nicht werden und auch nicht „wandern", wobei Wandern hier als Metapher für den Kreislauf der Wiedergeburten (*saṃsāra*) steht, der eine Veränderung der Wesen bzw. Existenzen impliziert.

Nāgārjuna beginnt seine Argumentation mit der alten buddhistischen Lehre von der *anityatā*, der „Unbeständigkeit" alles Seienden. Insofern die ↗Dharmas aus den drei Zeiten zusammengesetzt (*saṃskṛta*) sind, haben sie kein Sein. Sie vergehen und entstehen zwar, „wandern" aber nicht. Wären die Dinge jedoch beständig und fest, würden sie auch nicht „wandern", weil sie sich nicht verändern könnten. Im Grunde geht es hier also um die Frage nach der Identität einer Sache durch Veränderung und Zeit hindurch (zentral wird dies in Kap. 17 abgehandelt). Nachdem Nāgārjuna dieses Prinzip für die Dharmas in Vers 1 scharf formuliert hat: Ist etwas beständig, unterliegt es keiner Veränderung („Wanderung"), ist etwas nicht beständig, erübrigt sich eine Veränderung („Wanderung"), wendet er es dann auf das zentrale Problem der buddhistischen Heilslehre an, auf die Lehre von der Wiedergeburt, und hier gewinnt seine Analyse natürlich ungeheure Brisanz.

Eine Wiedergeburtslehre setzt ein Kontinuum voraus. Nun besteht der Mensch (oder ein Lebewesen überhaupt) aber nicht aus einem Kontinuum und dazugehörigen Teilen, sondern er setzt sich nach der buddhistischen Lehre allein aus Teilen zusammen. Diese Teile, Skandhas genannt (vgl. Kap. 4), sind aber wiederum Dharmas, d.h.: Was oben für die Dharmas allgemein gesagt wurde, gilt ebenso für die Wesen. Der Zusammenschluß aller fünf Skandhas wird Pudgala genannt. Dieser ersetzt die alte brahmanische Vorstellung vom Ātman. Während jedoch dem Ātman alleinig Sein und Wirklichkeit zukommt, ist Pudgala lediglich eine Bezeichnung für eine zusammengehörige Gruppe von fünf Teilen (Skandhas); schon deshalb kann dem Pudgala kein (substantielles) Sein zukommen. Es ist auch kein eigenständiges Wesen, das in den Teilen gesucht werden könnte (Vers 2). Es wird sogar ausdrücklich gesagt, daß Pudgala weder in den Skandhas, noch in den Grundlagen der Sinneswahrnehmung (↗*āyatana*), noch in den Elementen (↗*dhātu*) gefunden wird. Die Suche nach dem Pudgala in diesen drei Bereichen orientiert sich an fünf Möglichkeiten, die von Nāgārjuna bereits in 10.14 angesprochen wurden. Demnach treffen also die fünf folgenden Beziehungsmöglichkeiten nicht zu:

1. Der Pudgala ist identisch mit den Teilen
2. er ist nicht identisch mit ihnen
3. er hat sie an sich
4. sie sind in ihm enthalten
5. er ist in ihnen enthalten.

Nachdem nun aufgewiesen ist, daß es in diesem Persönlichkeitskomplex nichts Beständiges gibt, erhebt sich natürlich die Frage, was dann durch den Saṃsāra wandern könnte. Wenn es aber nichts gibt, das „wandert“, dann hebt sich der traditionelle Begriff von Erlösung, definiert als Ausstieg aus dem leidvollen Kreislauf der Wiedergeburten, auf. Es läßt sich leicht ermessen, wie sehr die skeptische Analyse Nāgārjunas das Weltbild des orthodoxen Buddhisten erschüttern mußte.

Nun gibt es aber die Theorie, daß die fünf Teile des Pudgala durch einen ‚Klebstoff‘ miteinander verbunden sind und somit eine relative Einheit bilden, die dann eben doch durch die Existenzen wandern könnte. Dieser ‚Klebstoff‘ ist Karma, bzw. in konkreterer Ausführung: die „Anhaftungen“ (*kleśa*). Diese haften dem Pudgala an und verleihen seiner Fünfteiligkeit eine Art Einheit. Beim Übergang von einer Existenz in die nächste gibt es nun theoretisch zwei Möglichkeiten, die Skandhas (neu) zu kombinieren:

1) Jedes Teil des Pudgala geht in einen je anderen Pudgala ein:

Pudgala I		Wiedergeburt
rūpa		(vernichtet)
vedanā	→	Pudgala II
saṃjñā	→	Pudgala III
saṃskāra	→	Pudgala IV
vijñāna	→	Pudgala V

2) Der *nāma*-Bereich (alle Skandhas außer *rūpa*) geht geschlossen in eine neue Existenz, denn diese Teile sind gegenseitig bedingt und bilden untereinander eine Hierarchie:

Pudgala I		Wiedergeburt: Pudgala II
rūpa I		(vernichtet) *rūpa* II
vedanā *saṃjñā* *saṃskāra* *vijñāna*	→	insgesamt *nāma* II

Durch den ‚Klebstoff' „Anhaftungen" ist die Persönlichkeit (*pudgala*) also gebunden. Nun zeigt Nāgārjuna in den restlichen Versen anhand der Begriffe Binden und Befreien dieselbe Dilemma-Struktur auf, die er im Geher-Kapitel (auf welches er ausdrücklich verweist), in Kapitel 6 (Leidenschaft) und in Kapitel 9 (Ergreifen) bereits vorgestellt hat: Wenn etwas gebunden ist, kann man es nicht befreien. Wenn es nicht gebunden ist, ebensowenig.

Weil Nāgārjuna gezeigt hat, daß Sein (*svabhāva*), sofern es ist, immer statisch ist, kann er für den Übergang von einem Zustand in den anderen keine korrekte, der Wirklichkeit entsprechende Beschreibung geben (vgl. hierzu auch Kap. 20).

16.1 Wenn die Zusammensetzungen (↗*saṃskāra*) [durch die Existenzen] wandern, so wandern sie weder als beständige noch als unbeständige. Dieselbe Betrachtungsweise trifft auch auf ein Lebewesen (*sattva*) zu.

16.2 Wenn nun eine Person (↗*pudgala*) wandert, diese aber, obgleich auf fünffache Weise in den Skandhas, Grundlagen der Sinneswahrnehmung (↗*āyatana*) und Elementen (↗*dhātu*) gesucht, gar nicht existiert, wer könnte es dann sein, der wandert?

16.3 Indem [die Person] vom Ergreifen [der einen Existenz] zum Ergreifen [der anderen Existenz] wandert, dürfte sie ohne [substantielles] Sein sein. Als wer oder als was vermöchte sie denn zu wandern, da sie doch [im Augenblick des Wechsels] weder durch Sein noch durch Ergreifen bestimmt ist?[76]

16.4 Erlöschen (↗*nirvāṇa*) der Zusammensetzungen ist ganz und gar unmöglich, ebenso wie auch das Erlöschen des Lebewesens ganz und gar unmöglich ist.[77]

16.5 Als dem Gesetz [momentanen] Entstehens und Vergehens unterworfene werden die Zusammensetzungen weder [durch Anhaftungen, *kleśa*] gebunden noch [von ihnen] befreit. Dasselbe gilt auch für ein

76 Nāgārjuna spricht hier nur die Möglichkeit an, daß beim Wechsel das Alte aufhört, bevor das Neue beginnt, daß also für einen Augenblick nichts mehr existiert. Candrakīrti untersucht auch die Möglichkeit, daß das Alte noch bleibt, während das Neue hinzutritt. Dies aber hieße für Candrakīrti Doppelexistenz des Pudgala/Ātman, wenn auch nur für einen Augenblick, womit auch diese Möglichkeit ausscheiden muß.

77 Da beide entweder beständig oder unbeständig sind, können sie mit demselben Argument wie in Vers 1 auch nicht erlöschen.

Lebewesen: Weder wird es [durch Anhaftungen] gebunden noch [von ihnen] befreit.

16.6 Wenn Bindung dasselbe sein soll wie Ergreifen (↗*upādāna*), [so muß man sagen:] Weder wird gebunden, wer [bereits] ergreift, noch wer nicht ergreift. Aber in welchem Zustand [hinsichtlich des Ergreifens] könnte dann also einer gebunden werden?[78]

16.7 Das Binden könnte nach Belieben binden, wäre es früher als das, was gebunden werden soll. Das aber ist nicht so! — Alles übrige wurde bereits durch ‚Gegenwärtig Begangenes, Gegangenes und [noch] nicht Gegangenes' erklärt. [→ Kap. 2]

16.8 Wer gebunden ist, wird nicht befreit, und ebensowenig wird befreit, wer nicht gebunden ist. Wäre ein Gebundener im Begriff, erlöst zu werden, so kämen Binden und Befreien gleichzeitig vor.

16.9 „Erlöschen werde ich ohne Ergreifen; mir wird Nirvāṇa sein!" — Diejenigen, die in solchem Wahn gefangen sind, die sind vom Ergreifen besonders gefangen.

16.10 Wenn Nirvāṇa nicht zu erreichen und Saṃsāra nicht aufzuheben ist, wie unterscheidet man dann noch hier Saṃsāra, dort Nirvāṇa?[79]

Kapitel 17
Die Tat und ihre Frucht (*karma-phala*)

Das vorliegende Kapitel ist von zentraler Bedeutung, weil Nāgārjuna nun zum Kern der buddhistischen Heilslehre vordringt, zur Lehre von der Tat (↗*karman*) und ihrer Frucht (↗*phala*). Wenn nämlich — wie Nāgārjuna in den vorangegangenen Kapiteln gezeigt hat — alles wesenlos (↗*niḥsvabhāva*) und leer (↗*śūnya*)

78 Den Satz vom ausgeschlossenen Dritten zugrunde gelegt, kann es also niemanden geben, der gebunden wird.

79 Saṃsāra verliert seinen Sinn, geradezu seine Definition, wenn die Bindung zu ihm unauflöslich ist, wenn es also — wie gezeigt — keine Befreiung gibt. Unter diesen Umständen nämlich könnte niemals Nirvāṇa, der Gegenpol zu Saṃsāra, erreicht werden. Saṃsāra und Nirvāṇa sind aber sich gegenseitig bedingende und zugleich ausschließende Zustände, wobei es wiederum schwierig ist, hinsichtlich des Nirvāṇa von einem ‚Zustand' zu sprechen.

ist, dann hat dies auch für das Heilsstreben eine weitreichende Konsequenz: Das sittliche Bemühen (*śīla*), zunächst auf das Erreichen einer besseren Ausgangsposition für die Erlösung, letztlich aber auf die Erlösung selbst, auf die Vernichtung der Wiedergeburt, gerichtet, beruht auf der Vorstellung von einer realen Tat und einer realen Frucht. Wenn diese beiden nun aber ebenfalls wesenlos sind, dann ist jener Mechanismus, nach welchem sich aus der Tat wie aus einem Samen eine entsprechende Frucht entwickelt, in Frage gestellt, mithin das gesamte Heilsstreben sinnlos.

Das Kapitel ist klar in folgende vier Abschnitte untergliedert:

1. Verse 1-5: Die allgemeine und grundlegende Vorstellung von der Tat nach dem ↗Abhidharma.
2. Verse 6-11: Die Ansicht der ↗Sautrāntikas (↗Saṃtāna-Theorie).
3. Verse 12-20: Die Ansicht der ↗Saṃmatīyas (die Theorie vom ‚Unauflöslichen').
4. Verse 21-33: Die Antwort Nāgārjunas.

1. In den ersten fünf Versen wird in äußerst verkürzter Form die Abhidharma-Theorie vom Karma dargelegt. Das ist auf diese Weise nur möglich, weil die Zeitgenossen Nāgārjunas mit diesen Theorien vertraut waren. Für uns ist zum Verständnis des Textes wichtig, daß Karma im Klassifikationsmodell des Abhidharma keine Einheit, sondern eine Vielheit darstellt (Vers 2). Karma wird nach diesem Modell in drei (Vers 3) oder in sieben Arten, d.i. mit sieben verschiedenen ↗Dharmas verbunden (Vers 4f.), unterteilt. Insofern Karma also aufteilbar ist, kann es kein Eigensein (↗*svabhāva*) haben. Das wiederum zieht die Kontinuität des Karma in Zweifel, die ja gerade deswegen gefordert werden muß, weil Karma auf die neue Existenz infolge der Wiedergeburt einwirken soll. Genau aus diesem Grund setzt sich Nāgārjuna im folgenden mit Theorien auseinander, die Lösungsversuche anbieten, Karma in seiner Kontinuität darzustellen.

2. Nach Ansicht der Sautrāntikas ist die Tat im Moment ihrer Ausführung — wie jeder andere Dharma auch — zwar erloschen, sie setzt jedoch eine Reihe kontinuierlich aufeinander folgender Dharmas in Gang, welche das Reifen einer bestimmten Frucht bewirken wird. Diese „zusammenhängende Reihe" (↗*saṃtāna*), ist insofern individuell, als z.B. aus einem Reiskorn niemals ein Apfelbaum mit den entsprechenden Früchten sprießen wird, sondern immer nur die Reispflanze, die Reiskörner als Frucht trägt. Aus einer bestimmten Tat bildet sich also eine bestimmte Reihe (*saṃtāna*), die eine bestimmte Frucht reifen läßt. Eine Unzahl solcher *saṃtāna*-Ketten verbindet sich vermittels der vereinigenden Kraft (*prāpti*) zu einem gemeinsamen Bewußtseinsstrom (ebenfalls *saṃtāna* genannt), der letztlich und alleinig die Individualität einer Person und ihr individuelles Schicksal ausmacht. So wird *saṃtāna* geradezu Synonym für „Lebewesen" (Unbelebte Gegenstände der Natur wie Steine, Berge usw. werden ausdrücklich *a-*

saṃtāna, wörtl.: „einen [individuellen] Bewußtseinsstrom nicht habend", genannt).

Der Abschnitt schließt mit dem Vermerk, daß die zehn reinen Karmapfade (↗*karmapatha*) das geeignete Mittel sind, um das Heil zu verwirklichen, bzw. die fünf Objekte der Sinnesfreude (↗*kāmaguṇa*) zu genießen (Vers 11).

3. Das Problem, das die *saṃtāna*-Theorie der Sautrāntikas aufwirft, besteht darin, daß mit ihrer Hilfe kein Wechsel erklärt werden kann, d.h. es können immer nur die Grundcharakteristika des Samens weitergetragen werden. Im Falle einer Pflanze wird z.B. aus Reis immer nur Reis; auf den Menschen übertragen bedeutet das: Aus einem auf das Heilvolle gerichteten Gedanken kann immer nur eine heilvolle Gedankenreihe, mithin eine heilvolle Frucht entstehen. Dann könnten nach dieser Theorie die Wesen der sechs Wiedergeburtsbereiche (↗*gati*) immer wieder nur in demselben Bereich wiedergeboren werden; das hieße mit anderen Worten: Die Götter (↗*deva*) blieben immer Götter, die Tiere (*tiryak*) blieben immer Tiere usw. Das würde bedeuten, daß diese Wesen handeln könnten wie sie wollten, sie blieben immer in ihrem alten Wiedergeburtsbereich; die Theorie von den drei guten Wiedergeburtsbereichen (*sugati*) als Belohnung für sittlich gutes Handeln und von den drei schlechten Wiedergeburtsbereichen (*durgati*) als Bestrafung für sittlich schlechtes Handeln wäre ad absurdum geführt.

Deswegen wurde die Theorie vom „Unauflöslichen" (vgl. Vers 14) entwickelt. Damit ist gemeint, daß von jeder Tat etwas „Unauflösliches" zurückbleibt. Dieses ist vergleichbar mit einem Schuldschein, der zu jedweder Zeit eingelöst werden kann. Diese Schuldscheine, besser: Blanko-Gutscheine, können einzeln oder als Bündel eingelöst werden. Es gibt also zwei Möglichkeiten: a) Durch die Einübung des Erlösungsweges (↗*mārga*) wird der Blanko-Gutschein in die entsprechende Frucht (↗*phala*) eingetauscht. b) Beim Tod bildet das gesammelte Bündel aus unauflöslichen Blanko-Gutscheinen ein einziges Unauflösliches, welches das Schicksal der Person in der neuen Existenz bestimmt.

Mit dieser Theorie wird es möglich, einen Bereichswechsel (↗*gati*) zu erklären: Die vielen gesammelten Gutscheine werden gegeneinander aufgerechnet. In volkstümlichen Darstellungen wie z.B. im Tibetischen Totenbuch werden die Taten des Verstorbenen vom Totenrichter abgerechnet. Die Theorie vom „Unauflöslichen" ist lediglich die Abstraktion volkstümlicher Totengerichtsvorstellungen.

4. Nun beruhen aber die beiden oben genannten Vorstellungen darauf, daß Karma ein Eigensein (↗*svabhāva*) hat. Das aber führt zu folgenden Konsequenzen, an denen nun auch Nāgārjuna seine Kritik festmacht:

a) Wenn Karma ein Eigensein hat, kann es nicht entstehen und vergehen.

b) Sein Wesen als Tat und damit als Produkt des Tuns und Handelns des Menschen höbe sich selbst auf. Wenn Karma ein Eigensein hat, ist es „nicht gemacht" (*akṛta*), denn dies hieße, daß es entsteht. Wenn es andererseits aber gemacht ist, kann es nichts Dauerndes sein. Eine Tat (*karman*, abgeleitet von der

Wurzel √*kṛ*), die „nicht gemacht" (*a-kṛta*, ebenfalls abgeleitet von der Wurzel √*kṛ*) ist, ist ein Widerspruch in sich.

c) Außerdem: Hätte Karma ein Eigensein und wäre somit unveränderlich, so schwebte gleichsam eine Tat als feste Substanz herrenlos im Raume. Man hätte eine Tat, die nicht von einem Täter abhängig sein dürfte, und wenn die Tat dennoch Konsequenzen für ein Lebewesen mit sich brächte, hätte sie jedoch nichts mit einem bestimmten, ihr zugeordneten Täter zu tun; mit anderen Worten: Es könnte einer für etwas bestraft werden, das er gar nicht getan hat; umgekehrt könnte ein Täter tun, was er wollte, es hätte für seine weitere Entwicklung keine Relevanz. Irgendeinem Täter käme per Zufall irgendeine Tat und deren Frucht zu.

Nun ist aber Karma bedingt, und zwar aus Anhaftungen (↗*kleśa*) und Handlung; folglich kann es kein Eigensein (*svabhāva*) haben. Für Nāgārjuna nun besteht die Lösung des Problems darin — und damit verfährt er antithetisch im Sinne der Leerheit (↗*śūnyatā*) —, daß er Täter und Tat unter dem Bild des Zaubertruges faßt: Der Täter als Zaubergebilde erschafft seinerseits ein Zaubergebilde (Tat), das nun seinerseits ein Zaubergebilde (Frucht) hervorbringt.

I. Der allgemeine Karma-Begriff

17.1 Ein Denken (*cetas*), welches die eigene Person zügelt, aber anderen gegenüber wohlgesonnen und freundschaftlich ist, das entspricht dem [buddhistischen] Gesetz (↗*dharma*). Es ist der Keim für die Frucht, die nach dem Tode und auch hier [in dieser Welt] entsteht.

17.2 Der große Weise hat sowohl den gedanklichen Anstoß (↗*cetanā*) als auch das, was [als Wirkung] dem Anstoß folgt (*cetayitvā*), ‚Tat' genannt. Er hat so die Spaltung der Tat in Mehrfaches verkündet.

17.3 Dabei ist diejenige Tat, die man „gedanklichen Anstoß" nennt, als geistige (*mānasa*) bekannt, während die, welche man „das, was dem Anstoß folgt" nennt, körperlich (*kāyika*) und sprachlich (*vācika*) ist.[80]

80 In die drei Bereiche Körper, Rede und Geist sind schon die „Zehn heilvollen Gegenheiten" (↗*kuśaladharma*) eingeteilt. Gröber können sie in die Kategorien *cetanā* („gedanklicher Anstoß", „geistige Regung" o.ä.) und *cetayitvā* („was dem Anstoß folgt" = die eigentliche Tat) eingeteilt werden. Nach Rosenberg (1924): 207, bezeichnet *cetanā* das, „was im Bewußtsein vorgeht, bevor wir einen beliebigen körperlichen oder mündlichen Akt ausführen". Für die Dharmatheorie ist *cetanā* diejenige Kraft, die alle wirksamen Dharmas eines gegebenen Augenblickes formiert und gruppiert, um so auch die Auswahl der Dharmas im folgenden Augenblick zu beeinflussen. Dazu Rosenberg (1924): 208: „Auf diese Weise bezeichnet „*cetanā*", vom Standpunkt der Dharmatheo-

17.4-5 Diese sieben Dharmas gelten als mit Tat verbunden: Rede (1), Geste (2), das „Nicht-Erkennbare", das [bezüglich der Welt] nicht indifferent ist (3), das „Nicht-Erkennbare", das [bezüglich der Welt] indifferent ist (4), [außerdem] das Verdienst, das dem Genießen folgt (5), sowie die Schuld von ebendieser Herkunft (6), und schließlich der gedankliche Anstoß (7).[81]

II. Die Saṃtāna-Theorie der Sautrāntikas

17.6 Wenn die Tat bis in die Reifezeit [der Frucht] bestehen bliebe, so dauerte sie an. Hörte sie aber auf, wie könnte sie als etwas, das aufgehört hat, eine Frucht hervorbringen? [Deshalb gilt das Folgende:]

17.7 Aus dem Samen entwickelt sich eine zusammenhängende Reihe (↗*saṃtāna*), die mit dem Sproß beginnt. Aus ihr (der Reihe) [erwächst] die Frucht. Ohne den Samen aber entwickelt sich [diese Reihe] nicht.

17.8 Weil die zusammenhängende Reihe aus dem Samen, und die Frucht [dann] aus dieser Reihe entsteht, deshalb geht [jeder] Frucht ein Same voraus. Es gibt also weder Aufhören noch Dauern [des Samens, der Tat].

17.9 Deshalb: Aus einer zusammenhängenden Gedankenreihe (*citta-saṃtāna*), die sich aus dem [anfänglichen] Denken entwickelt, [erwächst] die Frucht. Ohne Gedanken aber entwickelt sich [diese Reihe] nicht.[82]

rie, nicht einzelne empirische Willensakte, sondern einen momentanen, vorempirischen Akt der Verteilung der Dharmas im Moment." Zum Problem auch H.V. Guenther (1957): 66.

81 Rede (1) und Geste (2) sind das „Erkennbare" (*vijñapti*) einer Tat. Mit ihr geht jedoch etwas „Nicht- Erkennbares" (*a-vijñapti*) einher, nämlich das, was der Tat „eine bestimmte moralische Färbung gibt" (Rosenberg [1924]: 209). Z.B. ist es ein Unterschied, ob Hände zufällig oder zum Gebet gefaltet werden — ein Unterschied, der von außen betrachtet „nicht erkennbar" wäre. Das „Verdienst, das dem Genießen folgt" (5) kommt (mit Candrakīrti) z.B. einem Spender zu, der anderen Genuß verschafft, dem also aus diesem Genuß Verdienst erwächst. Solches Spenden kann jedoch auch Schuld (6) einbringen, nämlich dann, wenn einer z.B. einen Tempel errichten läßt, in welchem dann (für die Götter) Lebewesen (*sattva*, gemeint sind wohl Tiere) geopfert werden. Zwar genießen die Götter dieses Opfer, doch erwächst daraus dem Erbauer des Tempels wegen des Tötens Schuld.

82 Dieser Vers will offensichtlich die in Vers 7 formulierte Pflanzenmetapher auf die Karma-Ebene bringen, zeigt jedoch einen merkwürdigen Unterschied: Dort lautet die Abfolge Same (*bīja*) → Reihe (*saṃtāna*) → Frucht (*phala*), und es wurde festgehalten, daß

17.10 Weil die zusammenhängende Reihe aus dem Gedanken, und die Frucht aus der Reihe entsteht, deshalb geht [jeder] Frucht eine Tat (Gedanke) voraus, und [deshalb] gibt es weder Aufhören noch Dauern [der Tat].

17.11 Die zehn reinen Karma-Pfade (↗*karmapatha*) sind das Mittel zur Verwirklichung des Dharma. Die Frucht des Dharma, die nach dem Tode [entsteht] oder auch schon hier [auf dieser Welt], sind die fünf Objekte der Sinnesfreude (↗*kāmaguṇa*). [→ 1]

III. Die Theorie vom ‚Unauflöslichen'

17.12 Viele und erhebliche Schwierigkeiten (*doṣa*) würden sich ergeben, träfe diese Auffassung (*kalpanā*) [einer zusammenhängenden Reihe] zu. Deshalb ist diese Auffassung hier nicht zutreffend.

17.13 Ich werde nun die richtige Auffassung darlegen, die von den Buddhas, ↗Pratyekabuddhas und ↗Śrāvakas verkündet wurde.

17.14 Wie das ‚Unauflösliche' [gleichsam] ein Schuldschein (*pattra*) ist, so ist die Tat gleichsam eine Schuld (*ṛṇa*). Was seinen Weltbereich (↗*dhātu*) betrifft, ist [das Unauflösliche] vierfach,[83] und von seiner Natur her ist es [moralisch] unbestimmt.

ohne Same die Reihe nicht entstehen könne. Hier nun ist von Denken (*cetas*), Gedankenreihe (*citta-saṃtāna*) und Frucht die Rede, es wird dann die Gedankenreihe jedoch nicht auf das Denken gegründet (wie dies aus der Parallele gefordert wäre), sondern auf Gedanke (↗*citta*). Sinnvoll wird dies nur unter der Annahme, daß Nāgārjuna die Begriffe *cetas* und *citta* als Synonyme gebraucht — die tibetische Version übersetzt beide Begriffe mit *sems* (Geist) — und dieses *citta* in seiner Bedeutung von den in *saṃtāna* befindlichen *citta*s abgrenzt. Er stellt also an den Anfang des Karma-Prozesses einen Gedanken, der als ursprüngliche Tat dem Denken, dem gedanklichen Anstoß (↗*cetanā*), gleichzusetzen ist. Dieser Tat soll dann (nach Auffassung der Sautrāntikas) ein Gedankenstrom (*cittasaṃtāna*) folgen, dessen einzelne Gedanken nicht mit dem ursprünglichen identisch, wohl aber von diesem angeregt sind. Einen dem ursprünglichen Gedanken zugrundeliegenden Anstoß (*cetanā*) führt auch Candrakīrti, der nur von *citta*, nicht von *cetas* spricht, in seinem Kommentar zu dem Vers an: „Aus einem Gedanken, der mit einem bestimmten Anstoß, heilvoll oder unheilvoll (*kuśala-akuśala*), verbunden ist, geht die darauf gegründete Gedankenreihe hervor. Aus dieser auf dem heilvollen oder unheilvollen Anstoß beruhenden Gedankenkette entspringt dann, wenn auch die Gruppe der Hilfsgründe (*sahakārikāraṇasaṃnidhāna*) vollständig ist, die angenehme oder nicht angenehme Frucht in einer [der drei] guten oder einer [der drei] schlechten Existenzen."

83 Zu den traditionellen Sphären *kāma*-, *rūpa*-, und *arūpa-dhātu* (siehe ↗*dhātu* 3) gibt Candrakīrti noch *anāsrava*, die „reine [Welt]", an.

17.15 [Das ,Unauflösliche'] wird durch das Aufgeben [der weltlichen zugunsten der wahren Sicht] nicht aufgegeben, oder es wird auf [dem Weg der] Übung (*bhāvanā*) [schließlich doch] aufgegeben; deshalb wird die Frucht der Taten [allein] durch das ,Unauflösliche' hervorgebracht.[84]

17.16 Wenn [das ,Unauflösliche'] durch das Aufgeben [der weltlichen Sicht] oder durch die Umwandlung (*saṃkrama*) der Tat aufgegeben werden könnte, so folgten daraus zwangsläufig Fehler wie z.B. Vernichtung der Tat.

17.17 Beim Übergang in eine neue Existenz (*pratisaṃdhi*) entsteht ein einziges [,Unauflösliches'], das [sich] aus allen ähnlichen und unähnlichen Taten, die im selben Bereich[85] liegen, [zusammensetzt].

17.18 In der gegenwärtigen Existenz entsteht aber [jeweils ein ,Unauflösliches'] für jeweils eine Tat; [und zwar] für alle [Taten] beider Arten.[86] Und [das ,Unauflösliche'] bleibt bestehen, selbst wenn [die Frucht bereits] gereift ist.[87]

17.19 [Das ,Unauflösliche'] wird nur entweder durch Entweichen zur Frucht oder durch den Tod aufgehoben. Hierbei ist die Unterscheidung in die Merkmale ,ruhig' und ,unruhig' zu treffen.[88]

84 Der Vers bezieht sich auf verschiedene Stufen des Erlösungsweges: Noch auf dem „Weg des Sehens" (*darśana-mārga*), der durch theoretisches „Aufgeben" (*prahāṇa*) des weltlichen Leids gekennzeichnet ist, bleibt das ,Unauflösliche' bestehen. Es wird erst auf dem „Weg der Übung" (*bhāvanā-mārga*) aufgegeben und gegen die Frucht eingetauscht (Zu den Stationen des Erlösungsweges siehe ↗*mārga*). Mit anderen Worten — und dies ist die eigentliche Aussage: Vor dem Erlangen der Frucht steht immer das ,Unauflösliche', vor dem Wiedererwerb des einst verliehenen Gutes aber muß man sich mit dem Besitz des Schuldscheins begnügen.

85 ↗ *dhātu* 3).

86 Candrakīrti nennt zwei Möglichkeiten für diese beiden Arten. Einmal (mit Bezug auf die Verse 2 und 3) *cetanā* und *cetayitvā* (Anstoß/Angestoßenes) und zum anderen *kuśala* und *akuśala* (heilvoll/unheilvoll).

87 Nämlich gerade so, wie ein Schuldschein auch dann noch weiterexistiert, wenn die Rückgabe der Schuld schon erfolgt ist. Allerdings — so betonen die Kommentare — kann mit einem solchen Schuldschein keine weitere Forderung verbunden werden — das ,Unauflösliche' hat seine Wirkkraft dann also verloren, eine zweite Frucht vermag es nicht hervorzubringen.

88 Das „Entweichen zur Frucht" bezieht sich nach den Kommentaren auf das Begehen des „Weges der Übung", auf welchem ja das ,Unauflösliche' aufgegeben wird und die ersten Früchte sich einstellen (Vers 15). Die zweite Möglichkeit, der Tod, soll sich auf Vers 17 beziehen, also auf den Übergang von einer Existenz in die andere, wobei die

17.20 Es gibt Leerheit, aber nicht Aufhören; es gibt das Wandern durch die Existenzen (*saṃsāra*), aber nicht Dauer; und es gibt ein ‚Unauflösliches‘ [jeder] Tat: Dies ist die Lehre, die der Buddha gelehrt hat.

IV. Die Antwort der Mādhyamikas

17.21 Warum die Tat gar nicht entsteht? — Deshalb, weil sie ohne Eigensein ist (*niḥsvabhāva*). Und weil sie nicht entstanden ist, hört sie auch nicht auf.

17.22 Wenn die Tat aufgrund eines Eigenseins existierte, so hielte sie zweifellos beständig an. Und sie wäre etwas ‚Nicht-Gemachtes‘ (*akṛta*), denn Beständiges kann nicht ‚gemacht‘ werden.

17.23 Wenn die Tat also etwas ‚Nicht-Gemachtes‘ (*akṛta*) wäre und man fürchten müßte, daß einem eine gar nicht verübte (*akṛta*) Tat zur Last gelegt werden kann, hätte dies den Makel eines unheiligen Lebenswandels zur Folge.

17.24 Jedes sittliche Betragen (*vyavahārā*) würde zweifellos nichtig werden, und eine Unterscheidung zwischen Guten und Bösen wäre ganz und gar unmöglich.

17.25 Selbst nachdem eine Reifung [zur Frucht] bereits stattgefunden hat, könnte eine Tat erneut [und immer wieder zur Frucht] reifen, wenn sie beständig wäre, und deshalb ein Eigensein hätte.

vielen ‚Unauflöslichen‘ ihre Bedeutung als einzelne verlieren, indem sie sich zu einem neuen ‚Unauflöslichen‘ addieren. Die Unterscheidung in die Merkmale ‚ruhig/unruhig‘ oder ‚rein/unrein‘ (*an-āsrava/sa-āsrava*) bildet in der Abhidharma-Lehre eine Grundkategorie der Dharmas (dazu Rosenberg [1924]: 123f.). Die ‚ruhigen‘ Dharmas, und zu diesen wird nach unserem Vers offensichtlich ein auf dem „Weg der Übung“ aufgegebenes ‚Unauflösliches‘ gezählt, sind dadurch gekennzeichnet, daß „Elemente der irdischen Unruhe, welche den Kreislauf des Seins aufrechterhalten, in ihnen keine Stütze finden können“ (Rosenberg [1924]: 124). Ein Mensch befindet sich in diesem Stadium („Weg der Übung“) ja bereits unaufhaltsam auf dem Weg zur absoluten Ruhe des Nirvāṇa. Anders verhält es sich — beim bloßen Wechsel von einer irdischen Existenz zur anderen — mit dem Umtauschen der vielen einzelnen ‚Unauflöslichen‘ gegen das eine, das sie in ihrer Summe darstellt. Hier behält das neue ‚Unauflösliche‘ den „unruhigen“ Charakter seiner Vorgänger — es bleibt ganz und gar mit der irdischen Unruhe, mit Leidenschaft und Lebensdurst, behaftet.

17.26 Zum einen ist Tat wesentlich durch Anhaftungen (*kleśa*) bestimmt, zum anderen aber sind Anhaftungen nicht wirklich existent (*tattvatas*) [→ 23.2]. Wenn also die Anhaftungen nicht wirklich sind, wie sollte dann die Tat wirklich sein?

17.27 Tat und Anhaftungen gelten als die Bedingungen der [individuell gestalteten] Körper. Sind Tat und Anhaftung nun aber leer, was läßt sich dann noch über die Körper sagen?

17.28 Eine von Unwissenheit umhüllte, von Verlangen (*tṛṣṇā*) unterjochte Kreatur: Das ist der ‚Genießer' [einer Frucht]. Er ist weder ein anderer als der Täter noch ist er identisch mit ihm.

17.29 Weil die Tat weder existiert, indem sie aus Bedingungen entstanden ist, noch, indem sie nicht aus Bedingungen entstanden ist, deshalb existiert auch ein Täter nicht.

17.30 Wenn Täter und Tat nicht existieren, woher sollte dann eine aus der Tat erwachsene Frucht kommen? — Wenn aber eine Frucht nicht existiert, woher könnte dann einer kommen, der [die Frucht] genießt?

17.31-32 So wie ein Meister[89] mit magischer Kraft ein Zaubergebilde schafft, und das Geschaffene dann ein weiteres Zaubergebilde hervorbringt (31), gerade so erscheint auch der Täter als ein Zaubergebilde, [und] das als Tat Vollzogene ist wie jenes Zaubergebilde, das von einem anderen Zaubergebilde geschaffen wurde.

17.33 Anhaftungen, Taten, Körper, Täter und Früchte: Sie erscheinen als Fata Morgana, als Luftspiegelung, als Traumgebilde.

89 D.h. nach Candrakīrti: ein Buddha.

Kapitel 18
Der Ātman (*ātman*)

Das entfaltete Leere

Nāgārjuna macht in diesem Kapitel die Lehre vom ↗Ātman am Ichbewußtsein (*ahaṃkāra*) fest. Er argumentiert hier also nicht auf der ontologischen Ebene, sondern auf der psychologischen. Wurde im zehnten Kapitel das Verhältnis von Ātman und den ↗Skandhas unter dem Bild des Feuers und des Brennstoffes gefaßt, so geht es hier jetzt um die erfahrbare Wirklichkeit als Aktionszentrum. Man könnte dieses Kapitel als Nāgārjunas erkenntnistheoretisches Kapitel bezeichnen.

Eröffnet wird es mit der Feststellung, daß es sich bei der Realität eines Ātman um etwas den Wandel überdauerndes Festes handeln müßte. Wenn nun aber dieser Ātman mit den Skandhas identisch ist, dann unterläge er einem Wandel und seine Funktion als Fixpunkt wäre hinfällig. Wäre er indessen verschieden, dann hätten die Skandhas ihre konstituierende Funktion verloren. Existierte der Ātman aber gar nicht, dann gäbe es folglich auch nichts, das ihm zukommt und zugehörig ist.

Die Problematik des Ichs wirft aufgrund der Skandha-Theorie noch eine andere Frage auf, nämlich: Lassen sich möglicherweise die Skandhas hierarchisch ordnen, so daß einem Skandha mehr Ichbewußtsein zukommt als einem anderen? In der Tat bieten sich für diese Rolle zwei Skandhas besonders an: Willensregung/Tatabsicht (*saṃskāra*) und Erkennen (*vijñāna*). Wenn Karma diejenige Größe ist, die den Menschen an die Wiedergeburt bindet, und wenn genau beim Karma eine Einwirkung hinsichtlich der Erlösung, d.i. Befreiung von der Wiedergeburt, möglich ist, dann empfiehlt es sich, gerade in jenem Teil der Person, in welchem Karma vornehmlich gebildet wird, nämlich im Saṃskāra-Skandha, den Kristallisationspunkt zu sehen, der durch die Wiedergeburten wandert. Damit ist man nicht mehr weit von einem Ich entfernt, das die kontinuierliche Identität durch die Wiedergeburten garantiert. Um aber positiv in Richtung Erlösung einwirken zu können, bedarf es der Einsicht, sein Handeln zu ändern; deswegen bietet sich ferner an, den Kernpunkt der Persönlichkeit im Erkennen (*vijñāna*) zu suchen. Betrachtet man den ↗Pratītyasamutpāda, dann findet man Saṃskāra und Vijñāna vereint am Übergang von der früheren Existenz zur neuen, die mit ↗Nāmarūpa beginnt.

Für Nāgārjuna ist es nun offensichtlich gleichgültig, welcher der Skandhas ein Ich herausbilden könnte. Ihm genügt die Tatsache, daß es psychologisch einen solchen Kristallisationspunkt ‚Ich' gibt. Dieser Kristallisationspunkt steht in einem Bedingungsverhältnis sowohl zur „Außenwelt" als auch zur „Innenwelt" (d.i. Skandhas). Insofern er aber in einem Bedingungsverhältnis steht, kann ihm eigenes Sein, eigene Realität, nicht zukommen.

Nun geschieht um dieses Ich herum, und nur da, ein Übergreifen (*upādāna*) auf die Außenwelt. Da aber Außenwelt ebenfalls im Bedingungsverhältnis zum Ich steht, haben beide kein eigenes Sein und konstituieren sich gegenseitig. Somit wird das Übergreifen (*upādāna*) des Ich auf die Außenwelt zur Konstituierung von Ich und Außenwelt. Die logische Konsequenz ist nun, daß bei Aufhören des Übergreifens Welt und Ich aufhören, d.h. zur Ruhe kommen; oder wie Nāgārjuna mit Rückgriff auf den Pratītyasamutpāda formuliert: Es erfolgt kein neues Geborenwerden mehr. Das Übergreifen oder Ergreifen (*upādāna*) als solches wird in diesem Kapitel nun nicht mehr ausführlich behandelt — das ist z.B. in den Kapiteln 3 und 9 bereits erfolgt. Vielmehr will Nāgārjuna hier eine Entwicklungsreihe aufzeigen: Karma und Anhaftungen (*kleśa*), welche den „Klebstoff" bilden, der den Pudgala zusammenhält und in eine neue Existenz überführt (vgl. Kap. 16), sind lediglich aus Vorstellungen (↗*vikalpa*) entstanden. Die vollentfalteten Vorstellungen (↗*prapañca*) sind der Endpunkt dieser Entwicklung. Prapañca ist dann einerseits die Welt, im Sinne des Vielfältigen, das als Objekt dem erkennenden Subjekt entgegensteht, andererseits auch die ausdifferenzierte gedankliche Tätigkeit des Subjekts, dessen begriffliches Erfassen der Welt. Wenn sich nun diese (doppeldeutige) Entfaltung (*prapañca*) in der Leerheit (*śūnyatā*) auflöst, dann lösen sich naturgemäß auch die Vorstellungen (*vikalpa*) auf; mit deren Verschwinden aber, lösen sich auch Tat (*karman*) und Anhaftungen (*kleśa*) auf. In diesem Sinne ist der zentrale Vers 5 zu lesen:

> Erlösung kommt durch die Vernichtung von Karma und Anhaftungen. Karma und Anhaftungen kommen aus unterscheidenden Vorstellungen (↗*vikalpa*), sie kommen aus der begrifflichen Entfaltung (*prapañca*). Die Entfaltung aber wird in der Leerheit vernichtet.

Die Grundzüge einer Erkenntnislehre, wie sie später dann im Vijñānavāda, der erkenntnistheoretischen Schule, so wichtig wird und zur vollen Blüte gelangt, sind bei Nāgārjuna schon angelegt.

Von diesem Vers her wird auch deutlich, was Nāgārjuna mit „Beruhigung der Entfaltung" (*prapañcopaśama*) im Widmungsvers und in 25.24 meint; der Ausdruck ist lediglich eine Umschreibung für Erlösung. Das Wort *prapañca* als „begriffliche Entfaltung" kommt nur noch einmal im gesamten Werk Nāgārjunas vor, in MMK 22.15; *vikalpa*, „Vorstellung", als die Tätigkeit der begrifflichen Entfaltung, ist ebenfalls nur ein weiteres mal belegt, nämlich in MMK 4.5. Die Fähigkeit zur begrifflichen Unterscheidung (*kalpanā*) wird in 9.12 und 17.12f erwähnt. Schon die geringe Anzahl der Belege läßt erkennen, daß es Nāgārjuna nicht wie dem Vijñānavāda um eine Analyse geistiger Vorgänge im Sinne einer Erkenntnistheorie geht; für ihn ist allein wichtig, daß alles auf Vorstellungen beruht, womit die Wesenlosigkeit aller Entitäten erwiesen ist.

Mit der Darstellung des Bedingungsverhältnisses von Karma und Vorstellung (*vikalpa*) geht Nāgārjuna über ein je geartetes Karmaverständnis hinaus; denn dieses beruht letztlich immer auf der Vorstellung von einer Entität Karma. Damit hat sich das Karmaproblem (vgl. Kap. 17) und somit das Heilsproblem gelöst.

Jede Form von Operieren auf der Stufe von Handlungen beruht auf der Vorstellung von Karma als einer Entität, wird somit zu einer Art „Werk-Gerechtigkeit". Das Problem der Handlung wird auf die Ebene des Denkens gehoben.

Die nachfolgenden Beispiele in diesem Kapitel zeigen — gleichsam in einer Revue — nochmals alle Möglichkeiten binärer Opposition oder des Verhältnisses gegenseitiger Abhängigkeit. Dahinter steht die Einsicht, daß alle Entitäten ontologisch auf ihrem logischen Gegenteil beruhen (vgl. Fenner [1984]: 149ff).

Von daher läßt sich auch jener merkwürdige Satz in Vers 12 erklären. Eigentlich ist der Gedankengang dieses Kapitels mit Vers 11 abgeschlossen (Anspielung auf vier Glieder des Widmungsverses). Wenn sich alles als Selbst oder Entität oder Eigenständigkeit nur in Beziehung zum anderen konstituiert, dann besteht die Erlösung, das Aufhören von allem, sein Verwehen, in der Beziehungslosigkeit. Wenn dies so ist, konstituiert sich der Erwachte, der Buddha, eben nur durch die zu Erweckenden, durch die Hörer der Lehre, und umgekehrt: Der Lehrende (Buddha) konstituiert sich durch die Hörer. Als Ideal des Wissens wird daher der sogenannte ↗Pratyekabuddha eingeführt, der als Erwachter nur für sich selbst, unerkannt, nicht lehrend (also schweigend) und in völliger Abgeschiedenheit sein Dasein fristet. Er steht als Symbol für die absolute Beziehungslosigkeit eines Lebewesens. Wenn dieser Vers nicht interpoliert ist, drückt Nāgārjuna hier sein ihm vorschwebendes Erlösungsideal aus.

18.1 Wäre der Ātman dasselbe wie die Skandhas, so hätte er [wie diese] Anteil an Entstehen und Vergehen. Wäre er aber etwas anderes als die Skandhas, dann wäre er gar nicht durch sie konstituiert.

18.2 Wenn aber der Ātman nicht existiert, woher sollte dann etwas ihm Zugehöriges, das ‚Mein' (*ātmīya*), kommen? — Durch das Zur-Ruhe-Kommen des Ātman und dessen, was ihm zukommt (*ātmanīna*), löst sich das ‚Mein' und das ‚Ich' (*ahaṃkāra*) auf.[90]

18.3 Niemand läßt sich [aber] finden, der ohne ‚Mein' und ohne ‚Ich' ist. Wer [angeblich] jemanden sieht, der ohne ‚Mein' und ‚Ich' ist, der sieht [in Wahrheit] nichts.

18.4 Wenn [die Vorstellungen] „Mein" und „Ich" vernichtet sind, hört auch das Ergreifen (*upādāna*) auf — sowohl hinsichtlich der äußeren Welt als auch der eigenen Person. Durch dessen (des Ergreifens) Vernichtung wird auch das Geborenwerden vernichtet.

90 Das ‚Mein' ist vielleicht dem Fichteschen ‚Nicht-Ich' vergleichbar. Es bezeichnet das, was einem Ich als Erlebtes und Erfahrenes zuteil wird.

18.5 Erlösung kommt durch die Vernichtung von Karma und Anhaftungen. Karma und Anhaftungen kommen aus unterscheidenden Vorstellungen (↗*vikalpa*), sie kommen aus der begrifflichen Entfaltung (*prapañca*). Die Entfaltung aber wird in der Leerheit vernichtet.

18.6 Man hat [die Theorie vom] ‚Ātman' verbreitet und auch den ‚Nicht-Ātman' gelehrt. Die Buddhas [freilich] lehrten auch: Es gibt weder den Ātman noch den Nicht-Ātman.

18.7 Das, was bezeichnet werden soll (*abhidhātavya*), ist verschwunden, das Objekt des Gedankens (*citta-gocara*) ist verschwunden. Denn das Wesen der ↗Dharmas ist — wie ↗Nirvāṇa — weder entstanden noch vernichtet.[91]

18.8 Alles ist wirklich (*tathya*) oder unwirklich, wirklich und unwirklich zugleich, weder unwirklich noch wirklich: Das ist die Unterweisung (*anuśāsana*) des Buddha.[92]

18.9 Nicht von anderem abhängig, [in sich] ruhig, nicht durch Entfaltungen entfaltet, ohne unterscheidende Vorstellung, ohne Vielheit: Dies ist das Kennzeichen des Wirklichen.

18.10 Denn was immer in Abhängigkeit [von anderem] entsteht, das ist tatsächlich nicht dasselbe [wie dieses andere], es ist aber auch nicht [davon] verschieden. Deshalb hört es weder auf [zu sein] noch dauert es an.

18.11 Nicht Einheit, nicht Vielheit, nicht Aufhören, nicht Dauern: Dies ist das Unsterbliche an der Lehre der Buddhas, der Weltenschützer.

91 Candrakīrti interpretiert diesen Vers als Antwort auf die fiktive Frage, was die Buddhas denn wohl gelehrt haben, wenn sie beides, Ātman und Nicht-Ātman ablehnen. Die Antwort heißt demnach: Wenn das Benannte fehlt, weil es als das entfaltete Leere dem Nirvāṇa gleich ist, dann fehlt auch die Benennung, dann fehlen auch die Worte. Die radikale Konsequenz — und Candrakīrti wandelt hier die berühmte Aussage von Vers 25.24 ab — lautet: „Deshalb wird von den Buddhas überhaupt nichts gelehrt" (*tad kiṃcid api naiva deśyate buddhaiḥ*).

92 Eine ausführliche Interpretation dieses Verses bei Seyfort Ruegg (1977): 5ff. und 37ff.; vgl. auch Staal (1976): 124f. und Wayman (1977): 8.— Zur hier durchgeführten vierfachen Negation, dem sog. „Vierkant" (↗*catuṣkoṭi*), einem Tetralemma, siehe die Einführung in Kap. 25.

18.12 Wenn keine vollendeten [lehrenden] Buddhas entstehen, und auch die Hörer [der Lehre] (↗*śrāvaka*) verschwunden sind, dann stellt sich bei den für sich lebenden Buddhas (↗*pratyekabuddha*) auf der Grundlage absoluter Beziehungslosigkeit das Wissen ein.

Kapitel 19
Die Zeit (*kāla*)

Die in diesem Kapitel angesprochene Problematik wird nur verständlich, wenn man sich vor Augen hält, daß der indische (und damit auch der buddhistische) Begriff „Zeit" (*kāla*) nicht ein Abstraktum meint, sondern immer den konkreten Zeitraum oder Zeitpunkt. Zeit wird nie als kontinuierliche Dauer aufgefaßt, sondern punktuell als „rechte Zeit" oder als genau eingeteilter Zeitabschnitt. Wollte man immerwährende Zeitdauer ausdrücken, so müßte man sagen, daß etwas in den drei Zeiten, d.i. in Vergangenheit, Gegenwart und Zukunft, besteht. Diese drei allgemeinsten Abschnitte der Zeit, durch Begriffshypostase scheinbar voneinander unabhängige Zeiträume, nimmt Nāgārjuna zum Ausgangspunkt seiner Analyse. Das Problem, das sich dabei ergibt, ist hier längst bekannt, denn natürlich ist jede dieser Zeiten von der Existenz der beiden anderen abhängig: Die Gegenwart konstituiert sich aus dem Vorhandensein von Vergangenheit und Zukunft usw. Nāgārjuna spricht in diesem Zusammenhang von „fordern" (*apekṣ*): Gegenwart und Zukunft ‚fordern' die Vergangenheit. Damit aber treten Gegenwart und Zukunft in ein Verhältnis zur Vergangenheit — und hier offenbart sich das Paradox der Zeit. Eine Beziehung nämlich — so ausdrücklich Candrakīrti zu Vers 1 — kann nur zwischen gleichzeitig existierenden Gegebenheiten bestehen; etwas noch nicht oder nicht mehr Vorhandenes vermag keine Beziehung mit anderem einzugehen! Um tatsächlich in ein Verhältnis mit der Vergangenheit zu treten, müßten Gegenwart und Zukunft also bereits in der Vergangenheit vorhanden sein (Vers 2) — und das läßt sich nun überhaupt nicht mit der Definition von Vergangenheit vereinbaren. Ein weiteres Dilemma besteht darin, daß Zeit sich nicht fassen läßt, denn entweder schreitet sie kontinuierlich fort, womit sie sich jedem Zugriff entzieht, oder aber sie bleibt stehen, womit sie ihr Wesen als Zeit verliert, also ebensowenig ergriffen werden kann. Wie aber — so fragt Nāgārjuna in Vers 5 — könnte eine Zeit, die nicht zu greifen ist, wahrgenommen werden? — Und, so wäre zu ergänzen, wie ist die Existenz von etwas, das nicht wahrgenommen werden kann, nachzuweisen?

In Vers 4 weist Nāgārjuna über das Thema Zeit hinaus und macht darauf aufmerksam, daß die Ergebnisse der Analyse der drei Zeiten auch auf andere triadische Beziehungssysteme, z.B. auf räumliche Verhältnisse (Höhe, Tiefe, Mitte), und ebenso auf binäre Oppositionspaare (Einheit/Vielheit usw.) anwendbar sind. Weil alles begrifflich wahrgenommen wird, und weil alle Begriffe in solche Systeme eingebunden sind, d.h.: in einem Bedingungsverhältnis stehen, deshalb ist alles Illusion.

19.1 Wenn ja Gegenwart und Zukunft die Vergangenheit fordern, dann würden Gegenwart und Zukunft bereits in der Vergangenheit entstehen.

19.2 Wenn aber Gegenwart und Zukunft dort [in der Vergangenheit] noch nicht vorhanden sind, wie könnten Gegenwart und Zukunft sie (Vergangenheit) dann fordern?

19.3 [Andererseits] läßt sich ein Nachweis [für ihre Existenz] ohne das Fordern der Vergangenheit nicht führen.[93] Und deshalb findet sich weder die gegenwärtige noch die zukünftige Zeit.

19.4 Mit demselben Verfahren (*krama*) können auch die beiden übrigen [Zeiten] durchgespielt werden. Außerdem soll [dieses Verfahren] auch den [bedingten] Charakter [anderer triadischer Beziehungen wie] Höhe, Tiefe, Mitte usw. sowie [von Gegensatzpaaren wie] Einheit [/Vielheit] usw. deutlich machen.

19.5 Eine Zeit, die nicht steht, kann nicht ergriffen werden. [Aber] eine stehende Zeit, die man ergreifen könnte, gibt es nicht. Wie also sollte eine Zeit, die nicht ergriffen wird, wahrgenommen werden?

19.6 Falls es Zeit [jedoch] geben sollte, [nämlich] abhängig von Seiendem, woher sollte sie dann ohne dieses Seiende kommen? — Irgendein Seiendes existiert aber nicht, woher also sollte Zeit kommen?

93 Sie sind ja nur definiert durch den Bezug zum Vergangenen. Fehlt diese Relation, das ‚Fordern', dann lassen sie sich nicht mehr bestimmen. Ein ähnlicher ‚Existenznachweis', der im Fordern eines anderen liegt, war schon im Kapitel 10 (Verse 8-12) geführt worden.

Kapitel 20
Die Gesamtheit (*sāmagrī*)

Die Gesamtheit spezifischer Gründe und Bedingungen

Nach Candrakīrti schließt dieses Kapitel an das Zeit-Kapitel an, weil der Einwand auftaucht, Zeit sei existent, nämlich insofern sie einen „Hilfsgrund" (*sahakārikāraṇam*) für das Entwickeln einer Frucht bildet. Denn eine Frucht, so lautet die entsprechende Theorie, kann nur aus der „Gesamtheit" oder „Summe" (*sāmagrī*) jeweils spezifischer Gründe, Bedingungen und Hilfsgründe hervorgehen. Für das Entstehen einer Pflanzenfrucht zählt Candrakīrti exemplarisch die folgende ‚Gesamtheit' auf: Same, Erde, Wasser, Wärme, Wind, Himmel und Zeit (in Gestalt der Jahreszeiten).

Die Thematik des Kapitels knüpft unmittelbar an das erste Kapitel an, wo Nāgārjuna die vier Bedingungen (*pratyaya*) zum Entstehen, Bestehen und Vergehen eines Dinges zurückgewiesen hatte. Nun stehen zusätzlich die Gründe (↗*hetu*) zur Diskussion, wobei Nāgārjuna allerdings auch hier auf eine Analyse einzelner Gründe verzichtet, wie er ja schon im ersten Kapitel die vier Bedingungen zwar beim Namen genannt, nicht aber im einzelnen gründlich untersucht hatte. Es geht ihm ja vorrangig um die grundsätzlichen Probleme der Kausalität, und das vorliegende zwanzigste Kapitel soll diese Probleme nun vertiefen. Dabei bleiben die Fragen im Wesentlichen dieselben: Ist die Folge, die Frucht, in den Gründen bereits vorhanden? — Sind die Gründe vernichtet, wenn die Frucht hervorgebracht ist? — Wie läßt sich der Übergang von den Gründen zur Frucht denken? — Sind Grund und Frucht identisch oder verschieden? usw. Das Problem wird hier lediglich von der Ebene einzelner Gründe und Bedingungen auf die Ebene der Gesamtheit der Gründe und Bedingungen übertragen. Und diese Gesamtheit wird dann als einzelner kausaler Faktor behandelt.

Auf den ersten Blick bringt dieses Kapitel also wenig Neues. Es gewinnt allerdings an Bedeutung, wenn man sich vor Augen hält, daß der entscheidende Faktor für die Wiedergeburt, nämlich das Karma, als multifaktoraler Komplex eine solche „Gesamtheit" von Gründen und Bedingungen darstellt. Wenn sich also zeigen läßt, daß nicht nur einzelne Gründe unwirksam sind, sondern auch deren Summe, dann ist der herkömmlichen Heilslehre geradezu der Boden entzogen.

20.1 Wenn die Frucht aus der Gesamtheit von Grund (↗*hetu*) und Bedingungen (↗*pratyaya*) hervorgeht und [andererseits] in dieser Gesamtheit [schon] existiert, wie könnte sie dann aus der Gesamtheit [erst] hervorgehen?

20.2 Wenn die Frucht aus der Gesamtheit von Grund und Bedingungen hervorgeht und in dieser Gesamtheit [noch] nicht existiert, wie könnte sie dann aus der Gesamtheit hervorgehen?

20.3 Wenn die Frucht in der Gesamtheit von Grund und Bedingungen [schon] existiert, sollte sie dann nicht etwa in dieser Gesamtheit [schon] greifbar sein? — Sie ist aber in der Gesamtheit noch nicht greifbar.

20.4 [Und] wenn die Frucht nicht [schon] in der Gesamtheit von Grund und Bedingungen existiert, dann wären Gründe und Bedingungen gleichbedeutend mit Nicht-Gründen und Nicht-Bedingungen.

20.5 Würde der Grund vernichtet werden, nachdem er den Grund für eine Frucht abgegeben hat, so hätte der Grund eine Doppelnatur: eine, die [den eigentlichen Grund] abgibt, und eine, die vernichtet wird.

20.6 Würde der Grund vernichtet werden, ohne den Grund für eine Frucht abgegeben zu haben, so entstünde eine Frucht ohne Grund, da dieser ja vernichtet ist.

20.7 Träte die Frucht nun aber zugleich mit der Gesamtheit [von Grund und Bedingungen] in Erscheinung, so folgte daraus, daß der Erzeuger und der Erzeugte zur selben Zeit [existieren].

20.8 Träte die Frucht hingegen früher als die Gesamtheit in Erscheinung, dann wäre die Frucht — losgelöst von Gründen und Bedingungen — ohne Grund.

20.9 Würde der Grund vernichtet, um in gewandelter Form zur Frucht zu werden, so folgte daraus, daß der schon einmal entstandene Grund [als Frucht] ein zweites Mal entsteht.

20.10 Wie aber könnte etwas Vernichtetes, etwas Verschwundenes, eine Frucht hervorbringen? — Wie könnte [andererseits] ein Grund, der bestehen bleibt, indem er von der Frucht [als seiner abgewandelten Form] umhüllt ist, [diese Frucht erst] hervorbringen?

20.11 Andererseits: Welche Frucht könnte von diesem [Grund] hervorgebracht werden, wenn er nicht [schon] von der Frucht umhüllt ist? — Denn der [Grund] vermag die Frucht nicht hervorzubringen, weder, wenn er sie [noch] nicht vor sich hat, noch, wenn er sie [schon] vor sich hat.[94]

20.12 Denn keinesfalls findet man das Zusammentreffen (*saṃgati*) einer vergangenen Frucht mit einem vergangenen, zukünftigen oder gegenwärtigen Grund.

20.13 Ebensowenig findet man das Zusammentreffen einer gegenwärtigen Frucht mit einem zukünftigen, vergangenen oder gegenwärtigen Grund.

20.14 Keinesfalls findet man auch das Zusammentreffen einer zukünftigen Frucht mit einem gegenwärtigen, zukünftigen oder vergangenen Grund.

20.15 Wenn ein Zusammentreffen [also] gar nicht stattfindet, wie könnte dann der Grund die Frucht hervorbringen? — Oder wenn [andererseits] ein Zusammentreffen stattfindet, auch dann: Wie könnte der Grund die Frucht [erst] hervorbringen?

20.16 Wenn der Grund hinsichtlich der Frucht ‚leer' (*śūnya*) ist, wie könnte er dann die Frucht hervorbringen? — Wenn der Grund hinsichtlich der Frucht aber nicht ‚leer' ist, auch dann: Wie könnte er die Frucht [erst] hervorbringen?

20.17 Eine Frucht, die nicht ‚leer' ist, wird nicht entstehen und vergehen. [Denn:] Das Nicht-Leere wird weder vernichtet noch entsteht es.[95]

94 Wörtl.: „weder nachdem er [sie] nicht gesehen hat noch nachdem er [sie] gesehen hat" (*na hy adṛṣṭvā na dṛṣṭvāpi* ...) Gemeint ist, ob die Frucht noch nicht existiert oder ob sie bereits existiert: in beiden Fällen vermag der Grund sie nicht hervorzubringen. Derselbe Gedanke findet sich bereits in Vers 1 und 2 (vgl. auch Vers 1.6). Die drei folgenden Verse versuchen, alle Möglichkeiten des zeitlichen Zusammentreffens eines Grundes mit der Frucht auszuschließen, und Vers 15 bekräftigt dann noch einmal, daß weder bei einem Zusammentreffen noch bei einem Nicht-Zusammentreffen von Grund und Folge eine Wirksamkeit des Grundes hinsichtlich der Folge möglich ist.

95 „Nicht-leer" heißt ja, ein *svabhāva* („Eigensein") haben. Was aber eigenen Stand hat, ist nicht durch anderes bewirkt oder hervorgebracht, entstanden; es müßte auch unveränderlich sein und kann deshalb auch nicht (durch sich selbst oder andere bewirkt) verschwinden.

20.18 Wie könnte [andererseits] etwas Leeres entstehen, wie könnte es vernichtet werden? — Daraus folgt, daß [die Frucht] auch dann, wenn sie leer ist, weder vernichtet wird noch entstanden ist.

20.19 Grund und Frucht können ja nun unmöglich dasselbe sein; Grund und Frucht können aber ebensowenig etwas Verschiedenes sein.

20.20 Wären Grund und Frucht dasselbe, dann wären Erzeuger und zu Erzeugendes eins. Träfe zu, daß Grund und Frucht verschieden sind, dann wäre ‚Grund' gleichbedeutend mit ‚Nicht-Grund'.[96]

20.21 Welche wirklich eigenständig existierende Frucht könnte der Grund denn hervorbringen? — [Andererseits:] Welche nicht wirklich eigenständig existierende Frucht könnte der Grund denn hervorbringen?

20.22 Etwas, das nichts hervorbringt, kann unmöglich die Natur eines Grundes haben. Wenn aber ein solcher Grund nicht vorliegt, wem gehört dann die Frucht an?

20.23 Nun bringt sich die Gesamtheit der Gründe und Bedingungen nicht aus sich selbst hervor. Wie also könnte sie eine Frucht hervorbringen?[97]

20.21 Weder existiert also eine Frucht, die durch die Gesamtheit [der Gründe und Bedingungen] geschaffen wurde, noch existiert eine Frucht, die nicht durch eine solche Gesamtheit geschaffen wurde. Woher aber

96 Der Grund ist ein solcher ja nur, wenn er eine Frucht zur Folge hat (siehe Vers 22). Sind die beiden nun unterschieden, so haben sie nach dem Verständnis der Mādhyamikas auch nichts miteinander zu tun: Die Frucht ist nicht die Folge des ‚Grundes', womit dieser seine Definition verliert, zum ‚Nicht-Grund' wird.

97 Der Sinn dieses Verses ist nicht unmittelbar verständlich. Nach Candrakīrti will er dem Einwand vorbeugen, daß zwar nicht ein einzelner Grund, wohl aber die Summe der Gründe und Bedingungen die Frucht hervorbringt. Zu fragen ist nun, ob eine solche Summe als existierende Größe überhaupt vorhanden ist. Aus den einzelnen Gründen selbst kann sie nicht hervorgehen, denn — wie gezeigt — bringen diese ja gar nichts, also auch keine Summe, hervor. Bliebe nur, daß sie aus sich selbst entstanden ist, aber auch diese Möglichkeit scheidet natürlich aus. Folglich existiert die Summe nicht und kann auch nichts hervorbringen. Candrakīrti gibt einen anschaulichen Vergleich: „Denn es ist ausgeschlossen, daß die Tochter (= Summe) einer unfruchtbaren Frau (= einzelner Grund), die ja nicht fähig ist, sich selbst hervorzubringen, einen Sohn (= Frucht) gebären wird" (*na hi vandhyāduhitā ātmānaṃ janayitum aśaktā satī putraṃ janayiṣyatīti yujyate*).

sollte ohne eine Frucht die Gesamtheit ihrer Bedingungen [und Gründe] kommen?

Kapitel 21
Entstehen und Vergehen (*saṃbhava-vibhava*)

Nachdem im vorhergegangenen Kapitel 20 darüber reflektiert wurde, ob eine Veränderung, bzw. die Vollendung einer Sache (Same → Frucht) ermöglicht wird durch die Summierung aller möglichen Faktoren aus Gründen und Hilfsgründen, diese Möglichkeit jedoch ad absurdum geführt wurde, bleibt dennoch die grundsätzliche Frage nach dem Entstehen und Vergehen eines Dinges ungelöst.

Nāgārjuna führt diese Frage nun ad absurdum, indem er Seiendes, Vergehen und Entstehen in gegenseitige Abhängigkeit setzt. Vergehen und Entstehen kann es nur geben, wenn es etwas Seiendes gibt. Wenn aber das Seiende entsteht, war es zuvor ein Nichtseiendes. Das ist freilich ausgeschlossen, denn aus Nichtseiendem kann nicht Seiendes werden. Entsprechend verhält es sich mit dem Vergehen des Seienden. Nun befinden sich aber auch Entstehen und Vergehen selbst in gegenseitiger Abhängigkeit: Das Vergehen hat ein Entstehen, so wie das Entstehen ein Vergehen hat. Das Seiende kann also hinsichtlich der Existenz nur ‚leer' sein; denn wenn es existierte, müßte es entweder immerwährend (von Dauer) sein oder aber es müßte entstehen und vergehen (eine Unterbrechung haben). Letzteres wäre ein Widerspruch in sich.

Einen Versuch, dieses Dilemma aufzulösen, bildet die Saṃtāna-Theorie der ↗Sautrāntika-Schule, jene Theorie also, welche die Dharmas als im Fluß befindlich darstellt. Danach ist das Sein des Dharma nichts anderes als eine Abfolge von Latenz und Manifestation, Entstehen und Vergehen. Diese Dharmatheorie, die gegen die alte statische ↗Ātman-Theorie auftritt, vertritt also einen dynamischen Seinsbegriff, der die Existenz als Prozeß versteht, als einen Prozeß des Entstehens und Vergehens. Auch nach dieser Ansicht, die in Vers 15 zu Wort kommt, trifft für ein Seiendes weder Dauer noch Unterbrechung zu.

Wenn Nāgārjuna dennoch einen statischen Seinsbegriff gegen diesen Einwand hält, dann nicht einfach, um ihn mit den dynamischen Prinzipien Entstehen und Vergehen zu kontrastieren, sondern um ihn ad absurdum zu führen. Ein Seinsbegriff, der Entstehen und Vergehen miteinschließt, ist für Nāgārjuna ebenso absurd wie eine Trennung des absoluten Seins von der diametral entgegengesetzten Dynamik des Entstehens und Vergehens.

Diese Überlegungen haben weitreichende Konsequenzen: Im heilstechnischen Sinne ist es notwendig, ein Kontinuum anzunehmen, das sich durch den Wechsel von Entstehen und Vergehen der Wiedergeburten zieht. Ein solches Kontinuum könnte sich auf der anderen Seite aber nicht verändern, es bliebe statisch und wäre nicht in der Lage, sich Schritt für Schritt dem Erlösungsziel Nirvāṇa zu nähern.

21.1 Vergehen gibt es weder ohne Entstehen noch mit Entstehen, und Entstehen gibt es nicht ohne Vergehen und nicht mit Vergehen.

21.2 Wie könnte es denn Vergehen ohne Entstehen geben — also Sterben ohne Geborenwerden? — [Nein,] Vergehen ohne Entstehen gibt es nicht!

21.3 Wie aber könnte es Vergehen zusammen mit Entstehen geben? — Trifft man doch Geborenwerden und Sterben niemals zur selben Zeit an.

21.4 Wie könnte es denn Entstehen ohne Vergehen geben? — Denn niemals findet man Unvergänglichkeit in den [entstandenen] Dingen (d.h.: alle Dinge sind vergänglich).

21.5 Wie aber könnte es Entstehen zusammen mit Vergehen geben? — Trifft man doch Geborenwerden und Sterben niemals zur selben Zeit an.

21.6 Wenn ein [Existenz-] Nachweis für die beiden weder durch Zusammensein des einen mit dem anderen noch durch Getrenntsein des einen vom anderen zu finden ist, wie könnte ein Nachweis [für die Existenz] der beiden denn dann gefunden werden?

21.7 Es gibt [also auch] kein Entstehen der Vernichtung (*kṣaya*) und kein Entstehen der Nicht-Vernichtung. Auch ein Vergehen der Vernichtung und der Nicht-Vernichtung gibt es nicht.[98]

98 Da sie von den Kommentaren und bisherigen Interpretationen entscheidend abweicht, muß auf diese Übersetzung kurz eingegangen werden. Bisher wurde das Wort *kṣaya* im Kontext dieses Verses als „vernichtetes Ding" verstanden, offenbar weil „Vernichtung" hier keinen Sinn zu geben scheint. So übersetzt z.B. de Jong (1949): 62: „Il n'y a ni production d'une chose destructible ni d'une chose non-destructible ..." — Die traditionelle Interpretation dieses Verses lautet also wie folgt: Weil es weder für ein vernichtetes noch für ein nicht vernichtetes Ding Enstehen und Vergehen gibt, gibt es Entstehen und Vergehen überhaupt nicht. Die Schwierigkeiten, die der Vers bereitet, werden auch aus Kalupahanas Übersetzung (1986):295 und Interpretation deutlich. Er übersetzt *kṣaya* im Text traditionsgemäß mit „that which is waning", spricht in seiner Anmerkung dann richtiger von „absolute cessation", verdreht allerdings das grammatische Verhältnis ins genaue Gegenteil, wenn er behauptet, Nāgārjuna habe hier festhalten wollen, „that there is neither absolute cessation (*kṣaya*) nor permanence (*a-kṣaya*) of both occurence (*saṃ-*

21.8 Entstehen und Vergehen findet sich nicht ohne etwas Seiendes (↗*bhāva*), [und] ein Seiendes findet sich auch nicht ohne Entstehen und Vergehen.[99]

21.9 Was leer ist, kann unmöglich entstehen und vergehen. Was nicht leer ist, kann [ebenso] unmöglich entstehen und vergehen.

21.10 Entstehen und Vergehen sind unmöglich dasselbe; Entstehen und Vergehen sind [ebenso] unmöglich Verschiedenes.

21.11 Für dich mag gelten, daß Entstehen und Vergehen [doch] gesehen werden. Man sieht Entstehen und Vergehen [jedoch] nur aus Verblendung.

bhava) and dissolution (*vibhava*)." Was bei Kalupahana zur völligen Sinnverdrehung und bei den Kommentatoren zur Deutung des *kśaya* als „vernichtetes Ding" geführt hat, liegt in der Schwierigkeit begründet zu verstehen, daß es weder Entstehen noch Vergehen von Vernichtung und Nicht-Vernichtung geben soll.
Nun hat Nāgārjuna mit Vers 6 einen Argumentationsstrang, der im einzelnen die Existenzmöglichkeiten für Entstehen und Vergehen in Frage gestellt hatte, mit dem Zwischenergebnis abgeschlossen, daß beide nicht nachweisbar seien. Wenn es aber Entstehen und Vergehen nicht gibt, dann kann nichts entstehen und nichts vergehen — auch nicht etwas für die buddhistische Heilslehre so wichtiges wie die Vernichtung, nämlich z.B. die Vernichtung der „Neigungen" (*anuśaya*), die vollständig erst dem ↗Arhat möglich ist, der als einziger über die „Erkenntis von der Vernichtung [der Neigungen]" (*kṣayajñāna*) und über die „Erkenntnis vom Nicht-Wiederenstehen [der Neigungen]" (*anutpādajñāna*) verfügt und somit dem Erlösungsziel nahe ist (Frauwallner: *Abhidharma-Studien* III: 97; Lamotte 1958: 683f). Im übrigen sei darauf hingewiesen, daß die beiden großen Schulen des Abhidharma, die ↗Sarvāstivādins und Sautrāntikas, gerade auch über die Frage stritten, ob „Vernichtung" eine Ursache hat oder gleichsam aus sich selbst heraus tätig wird. Dies zeigt, daß man in den philosophischen Schulen des Buddhismus die „Vernichtung" als eine Art realer Gegebenheit (↗Dharma) betrachtet hat.
Es scheint also, als habe Nāgārjuna mit diesem Vers lediglich die radikale Konsequenz seiner Analyse am Beispiel eines buddhistischen Grundproblems vor Augen führen wollen. Bevor man Nāgārjuna unterstellt, er habe hier zwischen „Vernichtung" (*kṣaya*) und „vernichtet" (*kṣīṇa*) nicht unterschieden — eine Unterscheidung, die er in den Versen 18.4f durchaus getroffen hat —, sollte der Vers doch wohl auf die gezeigte oder eine ähnliche Art beim Wort genommen werden.

99 Die gegenseitige Abhängigkeit von Entstehen/Vergehen (*saṃbhava/vibhava*) auf der einen und Seiendem (*bhāva*) auf der anderen Seite hat im Sanskrit auch eine etymologische ‚Begründung', denn es handelt sich jeweils um Ableitungen aus der Wurzel √*bhū* = „werden"; „sein": so heißt *saṃbhava* ursprünglich „Zusammen-Werden", *vibhava* „Auseinander-Werden", *bhāva* „Gewordenes, Seiendes (Existierendes [=Existenz])". Später (Vers 15ff.) tritt noch der Begriff *bhava* „Werden" in diese Reihe.

21.12 Ein Seiendes entsteht nicht aus einem Seienden, ein Seiendes entsteht [aber auch] nicht aus einem Nicht-Seienden. Ebensowenig entsteht aus Nicht-Seiendem Nicht-Seiendes und aus Nicht-Seiendem Seiendes.

21.13 Seiendes entsteht nicht aus sich selbst und nicht aus anderem, [auch] nicht zugleich aus sich selbst und anderem. Woraus also entsteht es?

21.14 Aus dem Festhalten an ‚Seiendem' folgen zwangsläufig die [falschen] Ansichten von Dauer und Unterbrechung. Denn ein Seiendes kann nur entweder beständig sein oder unbeständig.

[Einwand eines Sautrāntika]

21.15 Aus dem Festhalten an ‚Seiendem' [folgt doch im Gegenteil], daß es weder Dauer noch Unterbrechung gibt, denn ‚Werden' (↗*bhava*) ist ja nichts anderes als eine zusammenhängende kontinuierliche Reihe (↗*saṃtāna*) von auftauchenden und verschwindenden Früchten und Gründen (*phala-hetu*).

[Antwort Nāgārjunas]

21.16 Wenn das Werden eine zusammenhängende Reihe auftauchender und verschwindender Früchte und Gründe ist, so folgt daraus das Aufhören der Gründe [und Früchte], denn etwas Verschwundenes kann nicht erneut entstehen. [Also hältst du doch an der Ansicht des Unterbrechens fest.]

21.17 Für ein aufgrund seines Eigenseins (*svabhāva*) tatsächlich existierendes Ding (*sadbhāva*) trifft nicht zu, daß es [jemals] ein nicht-existierendes Ding sein könnte.[100] Zur Zeit des Nirvāṇa (*nirvāṇakāle*) aber hört es wegen des völligen Zur-Ruhe-Kommens der Werden-Reihe[101] (*bhava-saṃtati*) auf [zu existieren].

100 Daraus folgt konsequenterweise ein Festhalten an der falschen Ansicht „Dauer".

101 Hier könnte auch mit „Existenz-Abfolge" übersetzt werden, denn im folgenden scheint mehr der statische Aspekt des Begriffs ↗*bhava* im Vordergrund zu stehen. Während also *bhava* bis Vers 21.17 mehr als dynamisches „Werden" aufgefaßt wurde, bedeutet es in den nun folgenden Versen eher „Existenz".

21.18 Es trifft nicht zu, daß die nächstfolgende Existenz [entsteht], wenn die letzte [vorausgehende] vergangen ist. Es trifft [aber auch] nicht zu, daß die nächstfolgende Existenz [entsteht], wenn die letzte [vorausgehende noch] nicht vergangen ist.[102]

21.19 Wenn die nächste [Existenz bereits] in der vergehenden letzten entsteht, so wäre sie als vergehende eine und [zugleich] als entstehende eine andere.

21.20 Wenn es [aber] nicht zutrifft, daß [die Existenz] zugleich vergeht und entsteht, so stirbt sie doch in denselben Skandhas, in denen sie [dann] geboren wird.[103]

21.21 So trifft auch die Existenz-Abfolge in den drei Zeiten nicht zu. Existiert sie in den drei Zeiten nicht, wo [sollte] sie [dann existieren]?

Kapitel 22
Der Tathāgata (*tathāgata*)

Das Sanskritwort ↗Tathāgata ist ein Kompositum, das zwei Möglichkeiten der Trennung bietet, und damit auch zwei Möglichkeiten der Übersetzung: Der „So-Gegangene" (*tathā-gata*) oder der „So-Gekommene" (*tathā-āgata*) (s. Edgerton, *Dictionary*, s.v.). Der Begriff taucht nur in diesem Kapitel auf und bezeichnet

102 Nach der ↗Akutobhayā ist hier vom Übergang in eine neue Inkarnation die Rede, wobei die „letzte Existenz" den letzten Gedanken des Sterbenden bezeichnen soll, die „nächstfolgende (wörtl.: erste) Existenz" den ersten Gedanken des reinkarnierten Wesens. Die Prasannapadā faßt sich allgemeiner und bezieht den Vers auf die in Vers 15f. genannte Reihe der Gründe und Früchte, interpretiert also die „erste Existenz" als das Stadium der Frucht, welches auf die „letzte Existenz" des vergangenen Grundes folgt.

103 Die ↗Akutobhayā sieht in diesem Vers die Antwort Nāgārjunas auf den Einwand, daß — wenn auch die beiden Seinsstadien nicht zugleich vorkommen — die beiden Prozesse unmittelbar ineinander übergehen: „So entsteht, wenn das letzte Dasein vergeht, das erste Dasein" (Übersetzung Walleser). Mit dem Hinweis, beide Prozesse müßten aber dennoch zumindest in denselben Konstitutionsmomenten stattfinden, spricht Nāgārjuna den ‚Träger' des Prozesses an. Die Skandhas als die „Gruppe" der fünf Konstitutionsmomente bilden ja eine ‚Person', die im Übergang befindlich ist. Wenigstens diese müßte nach der Theorie identisch bleiben, auch wenn sie in ein neues Stadium tritt. In denselben Skandhas, in welchen das Sterben ist, müßte dennoch das Entstehen bereits angelegt sein, was angesichts der Gegensätzlichkeit dieser Zustände als unhaltbar erscheint. Candrakīrti hält dem (in Anlehnung an die Verse 3 und 5) auch die Erfahrung entgegen: „Denn niemals wurde gesehen, daß ein Sterbender geboren wird." Die Skandhas konstituieren ja eine konkrete, aktuelle Person, und diese wird immer nur in einem Stadium angetroffen: sie lebt, stirbt oder wird geboren.

allgemein einen Buddha. Der historische Buddha Gautama Siddhārtha nennt sich immer dann Tathāgata, wenn er allgemeingültige Lehren verkündet, um sie von seinen persönlichen Ansichten abzusetzen. Insofern es jedem Lebewesen möglich ist, ein Buddha, ein Erwachter, zu werden, muß die Anlage zum Tathāgata jedem Wesen innewohnen. Aus dieser Vorstellung heraus wurde später die Theorie vom Tathāgatagarbha, dem „Keim zur Buddhaschaft", entwickelt, den jedes Wesen in sich trägt. Diese Theorie kennt Nāgārjuna offenbar noch nicht; bei ihm wird das Problem der Veränderung unter den Titeln Tat und Frucht abgehandelt. Wohl aber kennt er die Theorie, daß Tathāgata allgemein ein Buddhawesen bezeichnet, unabhängig davon, ob es sich um eine historische Gestalt handelt. Insofern Gautama Siddhārtha ein Buddha (= Buddhawesen, Tathāgata) ist, kann man die Frage nach seiner überzeitlichen Existenz stellen: Existiert der Tathāgata nach dem Tode oder nicht, oder beides, oder keines von beiden? Dieser Fragenkomplex gehört jedoch zu jenen vierzehn Fragen, die nicht gestellt werden können (↗*avyākṛtavastu*), weil es darauf keine Antwort gibt.

Die Argumentation Nāgārjunas nun spielt auf zwei Ebenen, einmal auf der Ebene des Verhältnisses von Pudgala/Ātman und den Skandhas (vgl. Kap. 10), zum anderen auf der Ebene Saṃsāra-Nirvāṇa. Der Sonderfall besteht darin, daß der Tathāgata per definitionem ein überweltliches Wesen ist. Wenn er dies aber ist, dann unterscheidet er sich vom gewöhnlichen Pudgala. Das aber ist nicht der Fall. Insofern der Tathāgata ein überweltliches Wesen ist, also gerade nicht mehr im Saṃsāra weilt, ist er im Nirvāṇa erloschen; d.h. aber: Er existiert nicht mehr. Auch dieses kann nicht sein. Das Problem des Tathāgata kann eben nur dahingehend gelöst werden, daß er ‚leer' ist. Das bedeutet, er ist jenseits aller begrifflichen Entfaltung (↗*prapañca*), die, anders betrachtet, eben die Welt ausmacht.

Bezugnehmend auf dieses Kapitel hat Tilmann Vetter die Widersprüche, die in der Tathāgata-Konzeption liegen, sehr treffend formuliert: „Die Behandlung des Begriffs Tathāgata oder Buddha im 22. Kapitel ist ein Beispiel dafür, wie zwar der direkte Inhalt eines Wortes verworfen werden muß, aber doch etwas übrig bleibt, was — in den kanonischen Texten — damit gemeint sein muß. Im Falle des Tathāgata: was mit diesem Wort neben seinem direkten, aber als unhaltbar erwiesenen Inhalt einer besonderen Person zum Ausdruck gebracht werden soll, ist die jeder Person letztlich erreichbare, aus der Erkenntnis der Unhaltbarkeit alles Sprechens sich ergebende über das Personsein hinausgehende Stille" (Vetter 1982: 104).

22.1 [Der Tathāgata] ist nicht dasselbe wie die Skandhas, er ist nichts anderes als die Skandhas, sie sind nicht in ihm und er ist nicht in ihnen, auch ‚hat' der Tathāgata die Skandhas nicht. Wer ist denn dann der Tathāgata? [→ 10.14f; 16.2]

22.2 Wenn der Buddha vermittels der Skandhas existiert, so existiert er nicht aus sich selbst (*svabhāvatas*). Aber wer nicht aus sich selbst existiert, wie könnte der aufgrund eines anderen existieren?

22.3 Wer abhängig von anderem existiert, der muß ohne ↗Ātman sein. Wie aber könnte einer, der ohne Ātman ist, der Tathāgata sein?

22.4 Wenn aber kein Eigensein existiert, wie könnte es dann Anderssein geben? Wer ist dieser Tathāgata ohne Eigensein und ohne Anderssein?

22.5 Wenn überhaupt irgendein Tathāgata existierte, der die Skandhas nicht ergriffen hat, so müßte er [um als existierend wahrnehmbar zu sein][104] sie gerade jetzt ergreifen und hätte sie dann [eben doch] ergriffen.

22.6 Ohne die Skandhas ergriffen zu haben, existiert ein Tathāgata nämlich nicht. Wer [die Skandhas] nicht ergriffen hat, existiert nicht. Wie aber könnte einer ergreifen [ohne existent zu sein]?

22.7 Es gibt kein irgendwie geartetes Ergreifen ohne etwas Ergriffenes. Aber ein Tathāgata ohne Ergreifen kann auf keine Weise existieren.

22.8 Wer weder aufgrund von Gleichheit [mit den Skandhas und dem Ergreifen] noch aufgrund von Verschiedenheit [von ihnen] existiert, obwohl man [ihm] auf fünffache Weise nachspürt [→ 1], wie wird der anhand des Ergreifens als Tathāgata erkannt?

22.9 Auch dieses Ergreifen wird nicht aus sich selbst existierend angetroffen. Und was nicht aus sich selbst existiert, wie könnte das aufgrund eines anderen existieren?

22.10 So sind also Ergreifen und Ergreifer in jeder Hinsicht leer. Wie aber erkennt man durch das leere [Ergreifen] den leeren Tathāgata?

104 Diese für das Verständnis des Verses notwendige Ergänzung stammt aus der tibetischen Version. Nāgārjuna will hier offenbar deutlich machen, daß es Nonsens ist, einen tatsächlich existierenden — d.h.: auch wahrnehmbaren — Tathāgata ohne Skandhas anzunehmen.

22.11 Man soll weder sagen „leer", noch „nicht-leer", auch nicht „beides zugleich" und auch nicht „keines von beidem". Zum Zwecke der Verständigung (*prajñapty-artham*) aber mag man so sprechen.

22.12 Gibt es denn in der Ruhe [in der Nicht-Entfaltung] diese Vier: ewig, nicht-ewig usw.; [und] gibt es denn in der Ruhe diese Vier: Ende, Nicht-Ende usw.?[105]

22.13 Wer aber hinsichtlich des Tathāgata auf der festen Meinung beharrt: „er ist", der muß angesichts des ins Nirvāṇa eingetretenen [Tathāgata] auch die Vorstellung entwickeln: „er ist nicht".

22.14 Weil er von seinem Wesen her leer ist, ist niemals der Gedanke zutreffend: „Den Buddha gibt es auch über den Tod hinaus" oder: „es gibt ihn nicht".

22.15 Diejenigen, welche den Buddha, der unvergänglich und jenseits aller begrifflichen Entfaltung (*prapañca*) ist, [dennoch] begrifflich zu entfalten suchen, alle die sind durch diese Entfaltung geblendet,[106] sie sehen den Tathāgata nicht.

22.16 Das Eigensein des Tathāgata ist dasselbe wie das Eigensein dieser Welt der Lebenden (*idam jagat*); wie [also] der Tathāgata ohne Eigensein ist, so ist auch diese Welt ohne Eigensein.

Kapitel 23
Der Irrtum (*viparyāsa*)

Alle Lebewesen — das steht für den Buddhisten fest — sind im Saṃsāra, dem Kreislauf der Wiedergeburten, gebunden. Als Ursache für die Bindung werden traditionell die drei „Grundübel" (↗*doṣa*) Leidenschaft (*rāga*), Haß (*dveṣa*) und Verblendung (*moha*) genannt. Nāgārjuna zitiert nun im ersten Vers des Kapitels eine Lehrmeinung, derzufolge diese Grundübel, die er im übrigen unter dem Begriff „Anhaftungen" (*kleśa*) zusammenfaßt (Vers 2 u.ö.), der Vorstellung

105 Die „Vier" sind die vier möglichen Urteile des Tetralemma (↗*catuṣkoṭi*), wie sie im Vers zuvor durchgeführt wurden, hier aber jeweils nur mit den beiden ersten Gliedern ausgeführt sind. Der vollständige Catuṣkoṭi wäre z.B.: ewig, nicht-ewig, ewig und nicht-ewig zugleich, weder ewig noch nicht-ewig.

106 *-hata*, wörtl.: „geschlagen".

(*saṃkalpa*) entsprungen seien: Leidenschaft entspringt der Vorstellung des Reinen (*śubha*), Haß der Vorstellung des Unreinen (*aśubha*) (vgl. auch Vers 12) und Verblendung der Vorstellung des Irrtums (*viparyāsa*). Man könnte dies als eine rein erkenntnistheoretische Aussage verstehen: Die Übel bzw. Anhaftungen sind nicht das, was sie vorgeben zu sein, sondern lediglich das Produkt falscher Vorstellungen. Der Sachverhalt ist jedoch komplizierter, denn in Wirklichkeit handelt es sich um einen Kreislauf von gegenseitiger Bedingtheit. Saṃkalpa ist die erste Funktion des Bewußtseins, die einerseits die Trennung zwischen Subjekt und Objekt, andererseits die vielfältige Objektwelt mit den verschiedenen Qualifikationen hervorbringt, in Beziehung setzt (*saṃ* √*kḷp*), ordnet und klassifiziert. Der Ort des Ich-Bewußtseins muß daher im Saṃkalpa gesucht werden. Nun bedingt Saṃkalpa nicht nur die Vorstellung von den Dingen, sondern ist selbst wiederum bedingt durch die Objekte. Das bedeutet auch, daß Saṃkalpa ein Abbild des Objektes eingeprägt wird und dieses Bild wieder auf das Objekt überträgt. Insofern könnte man Saṃkalpa auch mit „Ein-bildung" übersetzen. Andererseits ist Saṃkalpa die Schaltstelle, an der die falschen Vorstellungen umgekehrt werden können. Saṃkalpa heißt nicht nur Vorstellung, sondern auch „Entschluß" (↗*āryāṣṭāṅgamārga*, der „edle achtgliedrige Pfad").

Nun sind die Anschauungen über rein, unrein usw. bedingt; sie haben kein Eigensein; genausowenig aber auch der Irrtum (*viparyāsa*), der der Verblendung (*moha*), bzw. dem Nicht-Wissen (↗*avidyā*) zugeordnet ist. Irrtum kann es nur geben als Gegensatz zur Richtigkeit. Sind beide aber in gegenseitiger Abhängigkeit, gibt es sie „an sich" (*svabhāva*) nicht.

Unter dem heilstechnischen Aspekt gilt dasselbe für die Anhaftungen. Gäbe es dieselben aus sich, wäre ein sittlicher Lebenswandel, der zur Erlösung führt, sinnlos, denn es könnte keine Veränderung eintreten. Da sie nun aber abhängig sind, haben sie keine Wesenheit. Man kann aber dennoch nicht einfach sagen, es gäbe sie nicht; man kann nur sagen, sie seien bedingt durch die Vorstellung. Nun bedeutet — wie oben schon gesagt — Saṃkalpa auch Entschluß. Im Sinne des edlen achtgliedrigen Pfades ist das die Absicht, falsche Vorstellungen, bzw. Vorstellungen von rein usw., wodurch erst die Leidenschaft usw. entstehen, aufzugeben. Wenn die Vorstellungen, die per definitionem Irrtümer sind, aufgegeben sind, dann ist auch das Nichtwissen (*avidyā*) bzw. die Verblendung (*moha*) aufgehoben. Wissen wird hier nur negativ bestimmt als Nicht-Nichtwissen. Dies hat seinen guten Grund: ein Wissen, das positiv und inhaltlich bestimmt wäre, wäre abhängig von seinem Gegenteil, weil es nur durch dieses bestimmt (definiert) werden könnte, ähnlich dem Reinen, das nur vor dem Hintergrund des Unreinen bestimmt werden kann. Das ist nur möglich, wenn beide in einer Instanz aufgehoben sind, die letztlich Reines und Unreines z.B. als solches bestimmt; und eine solche Instanz ist Saṃkalpa. Lösen kann man dieses Dilemma nur dadurch, daß Saṃkalpa vernichtet wird; d.h. wenn Saṃkalpa zur Ruhe gekommen ist, hat er sich damit selbst aufgehoben. Saṃkalpa ist dichotomische Aktivität des Geistes und ist per definitionem aktiv. Wenn Saṃkalpa nun zur Ruhe gekommen ist, hören die geistige Aktivität, mithin die dichotomisierende

Geistes- bzw. Erkenntnistätigkeit, mithin auch die Gegensätze wie rein — unrein, Wissen — Nichtwissen auf.

23.1 Es heißt, Leidenschaft, Haß und Verblendung seien der Vorstellung (↗*saṃkalpa*) entsprungen, denn sie entstehen bedingt durch [Vorstellungen] des Reinen, des Unreinen und des Irrtums.

23.2 [Die Anhaftungen (*kleśa*)] entstehen durch Reines, Unreines und Irrtum; sie existieren nicht aufgrund eines Eigenseins. Deshalb haben die Anhaftungen keine wirkliche Realität (*tattva*). [→ 24f]

23.3 Es kann aber in keiner Weise Existenz und Nicht-Existenz des ↗Ātman nachgewiesen werden; wie könnte man — ohne diesen — Existenz und Nicht-Existenz der Anhaftungen nachweisen?

23.4 Denn wenn es die Anhaftungen von irgendjemandem sind, doch dieser ‚jemand' nicht nachzuweisen ist, so existieren sie ohne diesen ‚jemand' als niemandes Anhaftungen?

23.5 Die Anhaftungen existieren nicht in fünffacher Weise hinsichtlich des Behafteten, ebensowenig der Behaftete hinsichtlich der Anhaftungen. Dies ist der [falschen] Ansicht über den eigenen Körper vergleichbar.[107]

23.6 Reines, Unreines und Irrtum existieren nicht aus sich selbst. Abhängig von welchem Reinen, welchem Unreinen und welchem Irrtum [sollten also] die Anhaftungen [entstehen]?

23.7 Gestalt, Laut, Geschmack, Berührung, Geruch und die Begriffe (↗*dharma*) bildet man sich als die sechsfache Grundlage (*vastu*) für Leidenschaft, Haß (↗*dveṣa*)[108] und Verblendung ein (*vikalpyate*).

107 Gemeint ist die fünffache Beziehung des Ātman oder Pudgala zu den Upadāna-Skandhas (siehe 10.14; 16.2; 22.1; 8).

108 De Jong liest hier mit der Handschrift R (Tuccis Manuskript) *doṣasya*, welche Lesart er aus metrischen Gründen und wegen der Erwähnung von *doṣa* in Candrakīrtis Kommentar (457.4) für die richtige hält (*Textcritical Notes on the Prasannapadā*, 1978: 238). Abgesehen davon, daß Nāgārjunas Verse des öfteren den Anforderungen eines Śloka nur mühsam gerecht werden, abgesehen auch davon, daß Candrakīrti in 475.3 die *doṣa*-Reihe *rāga, dveṣa* und *moha* durchaus korrekt wiedergibt, scheint doch vor allem die Systematik hier die Lesart *dveṣasya* zu fordern, die außerdem durch die tibetische Version gestützt wird.

23.8 Gestalt, Laut, Geschmack, Berührung, Geruch und Begriffe sind jedoch [von den Dingen] losgelöst (*kevala*),[109] sind nur Fata Morgana, Luftspiegelung, Traumgebilde.

23.9 Woraus sollte dann auch das Reine und Unreine entstehen, wenn diese [sechs Bereiche] einem durch magische Kraft (*māyā*) geschaffenen Menschen oder einer Spiegelung gleichen?

23.10 Das Reine existiert nicht unabhängig, [denn, um es zu erfassen] müssen wir uns das Unreine vor Augen führen (*prajñapayemahi*). Weil das Reine [also] bedingt ist, deshalb kommt es nicht vor.

23.11 Das Unreine existiert nicht unabhängig, [denn] wir müssen uns das Reine vor Augen führen. Weil das Unreine bedingt ist, deshalb läßt sich [auch] das Unreine nicht finden.

23.12 Wenn sich aber das Reine nicht finden läßt, woher sollte dann die Leidenschaft kommen? Und wenn sich das Unreine nicht finden läßt, woher sollte dann der Haß kommen?

23.13 Wenn die Auffassung (*graha*) „Im Vergänglichen ist Beständiges" ein Irrtum ist, in der Leere [allerdings] nichts Vergängliches gefunden wird — wie könnte die [zitierte] Auffassung dann ein Irrtum sein?[110]

109 Das heißt nach Candrakīrti: sie existieren allein in der Vorstellung (*parikalpamātra*), haben kein Eigensein (*niḥsvabhāva*).

110 Nāgārjuna zitiert hier die ersten vier „Irrtümer", die es nach der buddhistischen Lehre gibt. In der Pāli-Tradition (Aṅguttara-Nikāya 4.49, = Bd. 2, S. 51, vgl. die Übersetzung von Nyanatiloka, Bd. 2, S. 55) ist es das irrtümliche Sehen von:
(1) Beständigem im Vergänglichen (*anicce niccaṃ*)
(2) Leid im Nicht-Leid (*adukkhe dukkhaṃ*)
(3) ↗Ātman im Nicht-Ātman (*anattani attā*)
(4) Reinem im Unreinen (*asubhe subhaṃ*)
Etwas abweichend ist die Sanskrit-Tradition, denn im Abhidharmakośa des Vasubandhu (AK 5.6) lautet die Reihe:
(1) Beständiges im Vergänglichen (*anitye nityam*)
(2) Glück im Leid (*duḥkhe sukham*)
(3) Reines im Unreinen (*aśucau śuci*)
(4) Ātman im Nicht-Ātman (*anātmani ātmā*)
Die Mādhayamikas führen im Mahāprajñāpāramitā-Śāstra (Übersetzung Lamotte S.172) sechs Irrtümer auf, wobei vor Rein/Unrein drei andere genannt sind. Hier heißt es, die „einfachen Leute" (*pṛthagjana*) würden aus Unwissenheit (↗*avidyā*) in allen Dharmas deren Kennzeichen sehen, hielten im einzelnen also:
(1) Vergängliches für Beständiges
(2) Leid für Glück

23.14 Wenn die Auffassung „Im Vergänglichen ist Beständiges“ ein Irrtum ist, dann auch die Auffassung „[Im Beständigen ist] Vergängliches“ — [denn:] Wenn Leere [herrscht], was wäre dann nicht ein Irrtum?

23.15 Das, wodurch die Auffassung bewirkt wird, die Auffassung selbst, der, der die Auffassung hat, und das, was aufgefaßt wird,[111] dies alles ist beruhigt. Deshalb findet sich keine Auffassung.

23.16 Wenn sich gar keine Auffassung findet, nicht ‚falsch‘ noch ‚richtig‘, wer könnte dann irren, wer könnte nicht irren?

23.17-18 Bei keinem [Menschen] entstehen Irrtümer, weder bei dem, der sich [bereits] getäuscht hat, noch bei dem, der sich [noch] nicht getäuscht hat. (17) Auch nicht bei dem, der gerade dabei ist, sich zu täuschen.[112] Prüfe selbst nach, bei wem die Irrtümer entstehen sollen!

(3) Nicht-Ātman für Ātman
(4) Leere (*śūnya*) für Wirklichkeit (*sattva*)
(5) Nicht-Seiendes (*asat*) für Seiendes (*sat*)
(6) Seiendes für Nicht-Seiendes
Nāgārjuna, der im Vers nur den ersten Irrtum zitiert, bezieht sich allerdings nicht auf diese Liste der Mādhyamikas, sondern, wie die Verse 21f. zeigen, auf die vier Irrtümer der Abhidharma-Tradition. In den Versen 13ff. will Nāgārjuna offenbar zeigen, daß ein Urteil nach den Kriterien Irrtum/Nicht-Irrtum hinfällig ist. Mit Candrakīrti ist sein Argument wie folgt zu verstehen: Bei der Auffassung, im Vergänglichen, nämlich den fünf Skandhas, sei Beständiges, nämlich ein Ātman oder Pudgala, handelt es sich schon deshalb nicht um ein falsches Urteil, weil bereits die Voraussetzung, daß es Vergängliches (die Skandhas) gebe, nicht zutrifft, denn „in der Leere gibt es nichts Vergängliches“. Der darauffolgende Vers stellt dann allerdings klar, daß auch die gegenteilige Auffassung, im Beständigen sei Vergängliches, ebenso ein in Zweifel zu ziehender ‚Irrtum‘ sei. Denn, wenn Leerheit tatsächlich die einzige Realität der Welt ist, erweist sich schlechthin jedes Urteil als falsch, und auch das Urteilen selbst, so schließt Vers 15 den Gedanken ab, ist in all seinen Komponenten (Urteilender, Beurteiltes usw.) bewegungslos, in sich ruhig und leer.

111 Worin sich die erstgenannte Komponente von der letztgenannten unterscheidet, ist nicht genau zu erkennen. Nach Candrakīrti bezieht sich „das, wodurch die Auffassung bewirkt wird“ (*yena gṛhṇāti*), auf ein bestimmtes „Objekt“ (*viśeṣa*), z.B. „Vergängliches“, die ↗Akutobhayā erklärt es als „Ursache“ (*kāraṇa*). Dies scheint sich mit dem letzten Punkt zu decken, denn „das, was aufgefaßt wird“, ist nach Ansicht der Kommentatoren das Karma, das „direkte Objekt“ oder „Betätigungsfeld“ des Auffassenden, vergleichbar dem Brennholz als dem ‚Betätigungsfeld‘ des Feuers (s. Anm. zu Vers 10.1). Wenn ein und dieselbe Sache, z.B. „Vergängliches“, gemeint ist, so wird es in zwei verschiedenen Funktionen beim Prozeß des Auffassens gesehen: Zum einen ist es das, was die Auffassung erst hervorruft, indem es sich einem Auffassenden als Objekt stellt, bzw. diesen erst zu einem Auffassenden macht; Dann aber wird es als das Aufgefaßte selbst gleichsam zum Ergebnis des Vorganges. Wenn diese Interpretation stimmt, deutet schon das Aufzählen der am Vorgang beteiligten Komponenten die Leerheit einer solchen Operation an.

112 Die ↗Akutobhayā weist hier ausdrücklich darauf hin, daß dieses Problem bereits im

23.19 Wenn Irrtümer doch gar nicht entstehen, wie sollte es sie dann geben? [Und] wenn es die Irrtümer nicht gibt, woher sollte dann einer kommen, der ihnen erliegt?

23.20[113] Ein Seiendes entsteht weder aus sich selbst noch aus anderem, und nicht zugleich aus sich selbst und anderem. Woher also sollte einer kommen, der dem Irrtum erliegt?

23.21 Wenn es Ātman, Reines, Beständiges und Glück gibt, dann sind Ātman, Reines, Beständiges und Glück keine Irrtümer.

23.22 Wenn es Ātman, Reines, Beständiges und Glück nicht gibt, dann gibt es auch Nicht-Ātman, Unreines, Vergängliches und Leid nicht.

23.23 Aus der Vernichtung der Irrtümer folgt, daß auch das Nichtwissen vernichtet ist; ist das Nichtwissen vernichtet, sind auch die Tatabsichten (*saṃskāra*) usw. vernichtet.[114]

23.24 Gäbe es nämlich für wen auch immer irgendwelche Anhaftungen, die aufgrund eines Eigenseins existierten, wie könnten diese [Anhaftungen] aufgegeben werden? — Wer könnte etwas, das eigenes Sein hat, aufgeben?

23.25 Gäbe es aber für wen auch immer irgendwelche Anhaftungen, die aufgrund eines [fehlenden] Eigenseins nicht existierten, wie könnten die aufgegeben werden? — Wer könnte etwas Nicht-Existierendes aufgeben?

Kapitel 24
Die vier edlen Wahrheiten vom Leid (*āryasatya*)

Wenn im 23. Kapitel deutlich wurde, daß Wissen nur negativ als Nicht-Nichtwissen bestimmbar ist, also gerade nicht von seinem Inhalt her als positive Aussage, die man als Ergebnis einer Einsicht nach Hause tragen könnte, ergibt sich

zweiten Kapitel behandelt wurde (anstelle von ‚Gehen' sind dort also die entsprechenden Ableitungen von ‚Irren' einzusetzen).

113 Dieser Vers fehlt in der tibetischen und chinesischen Version.

114 Nämlich der gesamte ↗Pratītyasamutpāda, bei welchem Nichtwissen und Tatabsicht die beiden ersten der zwölf Glieder bilden.

natürlich für den Buddhisten ein großes Problem hinsichtlich der vier edlen Wahrheiten vom Leid (↗*āryasatya*), denn sie bilden als buddhistisches Grundwissen den Kern der Lehre des Erhabenen, und die Kenntnis dieser Wahrheiten ist gleichsam die Bedingung zur Möglichkeit der Erlösung.

Das folgende Kapitel nun ist in die Form eines Dialoges gekleidet, wie es sonst in den MMK nur gelegentlich anklingt (z.B. 1.2, 2.2, 7.4, 7.8; vgl. aber die dem Nāgārjuna zugeschriebene, jedoch wohl kaum von ihm verfaßte Schrift Vigrahavyāvartanī). Zunächst hat also ein Gegner das Wort (Verse 1-6), der zu belegen sucht, daß durch den von Nāgārjuna in die Diskussion eingeführten Begriff der Leerheit (*śūnyatā*) sowohl die Inhalte der vier edlen Wahrheiten, mithin der Erlösungsweg und die damit gegebenen Früchte, als auch der Saṃgha, d.h. die Gemeinde als konstituierendes Moment der Lehre und der Erlösung, und schließlich gar der Buddha selbst hinfällig wären. Somit höbe sich das gesamte buddhistische Lehr- und Erlösungsgebäude selbst auf, die „Drei Juwelen" (*triratna*) des Buddhismus, eben das Leben des Buddha, seine Lehre (↗Dharma) und seine Gemeinde (Saṃgha), seien durch diese Lehre Nāgārjunas zunichte gemacht.

Die Kritik Nāgārjunas an diesen Einwänden des Gegners ist zweifach: Zum einen übersehe der Gegner den Beweggrund, warum der Begriff Leerheit gebraucht würde und welchem Zwecke er diene, zum anderen kenne er nicht die Bedeutung des Begriffes und seine inhaltliche Bestimmung (Vers 7).

Als Beweggrund, warum mit dem Begriff Leerheit operiert wird, ja überhaupt operiert werden kann und muß, nennt Nāgārjuna die zweifache Wahrheit (Vers 8ff); als Inhalt der Leerheit gibt Nāgārjuna das Entstehen in Abhängigkeit (*pratītyasamutpāda*) an (Vers 18): Insofern alles bedingt ist, ist es leer (*śūnya*). Diese Einsicht aber ist Ausdruck „höchster Wahrheit" (*paramārtha-satya*); wenn ich aber ‚Leerheit' sage und denke oder den Begriff in irgendwelchen Aussagen anwende, dann sind solche Aussagen als „verhüllte Wahrheit" (*saṃvṛti-satya*) zu deuten. Wenn also Leerheit begrifflich formuliert wird, wird es dadurch zwar möglich, Leerheit als Formel oder Entität einzusetzen, allerdings muß das Ergebnis solcher Operationen — wie der Einwand des Gegners zeigt — völlig in die Irre gehen. Anders ausgedrückt: Erst wenn allem die Leerheit zugrunde gelegt wird, ist es sinnvoll, von den Dingen (in diesem konkreten Fall: von den edlen Wahrheiten, dem Weg, der Verwirklichung und der Frucht) zu reden, ohne dadurch eine jeweils unversöhnliche Gegenposition heraufzubeschwören.

Von Vers 20 bis Vers 39 versucht Nāgārjuna also dem Gegner nachzuweisen, daß die buddhistische Lehre nur bestehen kann, wenn sie auf der Leerheit gründet. An den vom Gegner selbst angeführten Beispielen (Buddha, Dharma, Saṃgha usw.) zeigt er, wie die Alternative zur Leerheit, nämlich das Gründen der Welt auf *svabhāva*, dem statischen Eigensein, jegliche Bewegung und Entwicklung unmöglich erscheinen läßt, und damit dem Erlösungsweg mit all seinen Implikationen (moralisches Betragen usw.) der Boden entzogen ist.

[Einwand]

24.1 Wenn die ganze Welt leer ist, so gibt es kein Entstehen und kein Vergehen. Dann folgt für dich (Nāgārjuna) notwendig, daß [auch] die vier edlen Wahrheiten [vom Leid] nicht existieren.

24.2 Wenn es die vier edlen Wahrheiten nicht gibt, treffen ebenfalls nicht zu: Die umfassende Erkenntnis (*parijñā*) [der wahren Natur des Leides], das Aufgeben (*prahāṇa*) [der falschen Sicht vom Leid], [der Weg der] Übung (*bhāvanā*) [zur Vernichtung des Leides] und die Verwirklichung (*sākṣikarma*) [der Vernichtung des Leides].[115]

24.3 Wenn es sie nicht gibt, finden sich auch die vier edlen Früchte nicht. Fehlen die Früchte, gibt es auch keinen, der die Früchte erntet (*phalastha*), und keine Anwärter [auf die Früchte] (*pratipannaka*).[116]

24.4 Wenn diese acht Arten von ‚Persönlichkeit' nicht existieren, existiert auch die buddhistische Gemeinde (Saṃgha) nicht.[117] Und wenn es die [vier] edlen Wahrheiten nicht gibt, findet sich auch die buddhistische Lehre (Dharma) nicht.

24.5 Existieren Dharma und Saṃgha nicht, wie sollte es da den Buddha geben? — Solcherart [mit *śūnyatā*] argumentierend, verwirfst du also auch die drei Juwelen.

24.6 Mit der Leerheit [argumentierend][118] verwirfst du die tatsächliche Existenz einer Frucht, sowie Unrecht und Recht (*adharmaṃ dharmam*) und alles weltliche Betragen.

115 Zu *prahāṇa* und *bhāvanā* siehe ↗*mārga* und Anm. zu Vers 17.15.

116 Die vier Früchte stellen sich am Ende des Erlösungsweges (↗*mārga*) in Gestalt der vier „edlen Personen" (*āryapudgala*) ein. Diese sind: (1) „der in den Strom eingetretene" (*śrota-āpanna*), (2) „der [nur noch] einmal [in einer Wiedergeburt] wiederkehrt" (*sakṛdāgāmin*), (3) „der nicht mehr wiederkehrt" (*anāgāmin*), (4) „Arhat", der Erlöste, der Heilige. Jede dieser Früchte hat nun einen Anwärter und einen, der sie genießt, so daß es insgesamt acht Arten von Personen gibt, die den Erlösungsweg begehen.

117 Wer dem Saṃgha beitritt, gilt schon als Anwärter auf die ersten der vier Früchte. Insofern sind die *puruṣapudgala* mit dem Saṃgha identisch.

118 *śūnyatām* könnte — parallel zu den dann genannten Gegebenheiten (Frucht, Recht usw.) — als Akkusativ ebenfalls auf das Verwerfen bezogen werden: „Du verwirfst die Leerheit, die tatsächliche Existenz einer Frucht ..." Alle Kommentare sind sich indessen einig, daß dies nicht gemeint sein kann. Am deutlichsten ist Candrakīrti: „Der Bezug ist so zu verstehen: ‚Mit Leerheit argumentierend'" (*śūnyatāṃ bruvāṇa ity anena sambandhaḥ*).

[Antwort Nāgārjunas]

24.7 Darauf antworten wir: Weder weißt du, warum über Leerheit gesprochen wird (*śūnyatāyāṃ ... prayojanam*), noch kennst du die Leerheit selbst, noch verstehst du ihre Bedeutung. Deshalb quälst du dich so [damit].

24.8 Bei der Verkündigung des Dharma haben sich die Buddhas auf die zwei Wahrheiten gestützt: Die eine ist die weltliche, ‚verhüllte Wahrheit' (↗*saṃvṛtisatya*), die andere ist die ‚Wahrheit im höchsten Sinne' (↗*paramārthasatya*).

24.9 Diejenigen, die den Unterschied der beiden Wahrheiten nicht erkennen, die erkennen auch nicht die tiefe Wahrheit (*tattva*) in der Lehre Buddhas.

24.10 Ohne sich nicht auf die Anwendung [der Worte] (*vyavahāra*) zu stützen,[119] kann die Wahrheit im höchsten Sinne nicht gezeigt werden; und ohne zur Wahrheit im höchsten Sinne vorgestoßen zu sein, wird Nirvāṇa nicht erlangt.

24.11 Die falsch aufgefaßte Leerheit richtet den, der von schwacher Einsicht ist, zugrunde — wie eine schlecht ergriffene Schlange oder falsch angewandte Magie.

24.12 Und deshalb hatte Buddha, der Asket, [anfänglich] noch gezögert, den Dharma zu verkünden, wohl ahnend, daß es den geistig Schwachen kaum gelingen würde, in den Dharma vollständig einzudringen.

24.13 Der Einwand aber, den du nun gegen die Leerheit vorbringst, ist eine fehlerhafte reductio ad absurdum (*doṣa-prasaṅga*) und mit unserem [Begriff der] Leere nicht vereinbar.

119 Das heißt: ohne Anwendung der *saṃvṛti-satya*.

24.14 Wer die Leerheit als zutreffend anerkennt, für den trifft auch der ganze [buddhistische Lehrinhalt] zu.[120] Wer die Leerheit nicht als zutreffend anerkennt, für den trifft auch dieses ganze nicht zu.

24.15 Du überträgst deine eigenen Fehler auf uns [und gleichst einem,] der sich auf ein Pferd setzt, das Pferd dann aber vergißt.[121]

24.16 Wenn du eine tatsächliche Existenz der Dinge siehst, weil sie [angeblich] ein Eigensein haben, in diesem Falle siehst du die Dinge als grund- und bedingungslos an.[122]

24.17 [Damit] verwirfst du auch Ziel einer Handlung (*kārya*), Grund der Handlung (*kāraṇa*), Täter (*kartṛ*), Handlungsvollzug (*karaṇa*) und Anstoß zum Handeln (*kriyā*),[123] ebenso auch Entstehen, Vergehen und Frucht [des Handelns].

24.18 Das Entstehen in gegenseitiger Abhängigkeit (*pratītyasamutpāda*), dies ist es, was wir ‚Leerheit' nennen. Das ist [aber nur] ein abhängiger Begriff (*prajñapti*); gerade sie (die Leerheit) bildet den mittleren Weg.

24.19 Eine Gegebenheit (*dharma*), die ohne Bedingungen entstanden ist, läßt sich nicht finden. Deshalb läßt sich ja auch keine Gegebenheit finden, die nicht leer ist.

24.20 Wenn die ganze Welt nicht leer ist, gibt es kein Entstehen und Vergehen. Dann folgt für dich notwendig, daß es [auch] die vier edlen Wahrheiten [vom Leid] nicht gibt. [→ 1]

120 Nur unter der Annahme, alles sei leer, bekommt nach Überzeugung der Mādhyamikas das, was der Gegner in den Versen 1-6 an buddhistischen Topoi aufgezählt hat, nämlich die vier edlen Wahrheiten, die drei Juwelen usw., einen Sinn.

121 Mit Candrakīrti setzt sich der Gegner auf „das Pferd der Theorie von der Leerheit, die als Kennzeichen das ‚Abhängige Entstehen' hat" (*pratītyasamutpāda-lakṣaṇa-śūnyatā-darśanāśvam*); dann entfernt er sich so weit vom ursprünglichen Sinn dieser Theorie, bis er ihn völlig aus den Augen verliert, er ‚vergißt' also Bedeutung und Zweck seines ‚Pferdes'. Der ‚Reiter' gerät in die Irre und lastet dann die Konsequenzen seines — um im Bild zu bleiben — ‚Vergallopierens' dem Pferd an bzw. dem, der es verliehen hat, Nāgārjuna.

122 Denn: Wenn die Dinge für sich selbst stehend sind, ein Eigensein haben, dann können sie nicht an Gründe oder Bedingungen geknüpft sein.

123 Zu den Termini siehe die Einführung zu Kapitel 8.

24.21 Woher sollte denn das Leid kommen, wenn es nicht bedingt entstanden ist? Denn Leid wird ja auch „Vergängliches" genannt — das aber läßt sich im Wesen des Eigenseins nicht finden.

24.22 Wie könnte etwas, von dem man glaubt, es existiere aus sich selbst, entstehen? Deshalb gibt es für den, der die Leerheit leugnet, kein Entstehen [des Leides].

24.23 Auch die Vernichtung (*nirodha*) des Leides ließe sich nicht finden, wenn es aus sich selbst existierte. Indem du [die Theorie vom] Eigensein entgegensetzt, leugnest du also die Vernichtung [des Leides].

24.24 Wenn [auch] der Weg [zur Vernichtung des Leides] von der Natur des Eigenseins ist, gibt es unmöglich die [entsprechende] Übung [die zur Vernichtung führt] (*bhāvanā*). Wenn andererseits dieser Weg [tatsächlich] begangen wird, so wirst du nicht finden, daß er die Natur des Eigenseins hat.

24.25 Wenn sich Leid, [dessen] Entstehen und [dessen] Vernichtung nicht finden lassen, welcher Weg, der doch auf der Vernichtung des Leides beruht, könnte dann zur Erfüllung führen?

24.26 Wenn die Nicht-Kenntnis (*aparijñāna*) [der Natur des Leides] aufgrund eines Eigenseins besteht, wie könnte es dann auf der anderen Seite zur Kenntnis [der Natur des Leides] kommen. Ist es denn nicht so, daß das Eigensein beständig ist?[124]

24.27 Aufgeben [der falschen Theorie vom Leid] und Verwirklichung [der richtigen Sicht], [der Weg der] Übung [zur Überwindung des Lei-

124 Nāgārjuna treibt hier die Position des fiktiven Gegners, am Prinzip des *svabhāva* festzuhalten, auf die Spitze und zeigt die absurde Konsequenz: Daß die gewöhnlichen Menschen bezüglich der Wahrheit vom Leid mit Unkenntnis geschlagen sind, ist aus buddhistischer Sicht eine unumstößliche Tatsache. Legt einer nun zugrunde, daß alles, was existiert, ein *svabhāva* hat, so müßte auch diese Unkenntnis ein *svabhāva* haben. Da nun eine mit *svabhāva* versehene Gegebenheit keinerlei äußeren Einflüssen unterliegt, müßte sie ewig Bestand haben. Die Unkenntnis könnte also niemals verschwinden, um der Kenntnis Platz zu machen. Da Unkenntnis immer vor der Kenntnis kommt, könnte also niemand die vier edlen Wahrheiten vom Leid begreifen, womit die gesamte buddhistische Heilslehre sinnlos wird. Eine ähnliche Argumentation liegt auch den Versen 28 und 32 zugrunde.

des] und die vier Früchte treffen für dich [dann] ebensowenig zu wie die Kenntnis [vom Leid]. [→ 2]

24.28 Wenn die Frucht aufgrund eines Eigenseins [des Nicht-Erlangens] nicht erlangt wird, wie könnte dann einer, der an [der Theorie vom] Eigensein festhält, fähig sein, sie dennoch zu erlangen?

24.29 Gibt es die Früchte nicht, existiert auch niemand, der sie erntet, und kein Anwärter [auf sie]. Wenn diese acht Arten von Persönlichkeit nicht existieren, existiert auch der Saṃgha nicht. [→ 3-4]

24.30 Ohne die vier edlen Wahrheiten findet sich auch der Dharma nicht. Und wie sollte es einen Buddha geben, wenn Dharma und Saṃgha nicht existieren? [→ 4-5]

24.31 Aus deiner Lehre folgt, daß Buddha, der ‚Erwachte', nicht vom Erwachen *(bodhi)* abhängt und das Erwachen nicht vom Buddha [da beides angeblich *svabhāva* hat].

24.32 Und bei deiner Theorie dürfte einer, der ja von seinem Eigensein her nicht erwacht ist, niemals zum Erwachen gelangen, wenn er sich auch noch so sehr darum bemühte und den Lebenswandel eines ↗Bodhisattva führte.

24.33 Keiner würde jemals etwas Rechtes oder Unrechtes tun. [Denn:] Was gibt es beim Nicht-Leeren noch zu machen *(kartavya)*, da doch, was Eigensein hat, nicht ‚gemacht' *(kṛta)* werden kann. [→ 6 und 17.23]

24.34 Nach deiner Ansicht findet sich ja eine [für sich bestehende] Frucht auch ohne rechtes und unrechtes Tun. Eine Frucht [aber], die [ja nur] durch rechtes und unrechtes Tun bewirkt wird, läßt sich [ohne rechtes und unrechtes Tun] [selbst] für dich nicht finden.

24.35 Oder [anders ausgedrückt]: Wenn du eine Frucht findest, die durch rechtes und unrechtes Tun bewirkt ist, wie sollte dann diese deine Frucht, die ja [abhängig von] rechtem und unrechtem Tun entstanden ist, nicht leer sein?

24.36 Auch verwirfst du jegliches weltliche Betragen, indem du die Leerheit, die mit dem abhängigen Entstehen verbunden ist, leugnest.

24.37 Wird die Leerheit verworfen, gibt es nichts, was zu tun wäre,[125] ein Anstoß zum Handeln würde nicht erfolgen, und auch wer nichts tut, wäre ein Täter.

24.38 Träfe [die Theorie vom] Eigensein zu, dann wäre die Welt der Lebenden (*jagat*) ohne Entstehen und ohne Vernichtung, sie wäre völlig unbeweglich und all ihrer mannigfaltigen Erscheinungsformen beraubt.

24.39 Das Erlangen von etwas, das [noch] nicht erlangt ist, die Beendigung des Leides und das Aufgeben aller Anhaftungen [ist nur möglich], wenn alles leer ist.[126]

24.40 Wer das abhängige Entstehen sieht, der sieht diese Welt [wie sie wirklich ist, der sieht auch die wahre Natur des] Leides, [sein] Entstehen, [seine] Vernichtung und den Weg [zu seiner Vernichtung].

Kapitel 25
Nirvāṇa

Mit dem im vierundzwanzigsten Kapitel entwickelten Schlüssel der Leerheit (*śūnyatā*), der es ermöglicht, die Dinge in ihrer Wirklichkeit zu sehen, wird es ebenfalls möglich, das Problem von Saṃsāra und Nirvāṇa zu lösen.

Nach alter buddhistischer Lehre sind Saṃsāra und Nirvāṇa kontradiktorisch definiert: Saṃsāra meint den Kreislauf der Wiedergeburten, Nirvāṇa dagegen das Verlöschen der Wiedergeburten. Das Aufhören des einen ist der Anfang des anderen. Nirvāṇa ist nach dieser Lehre rein negativ bestimmt. Gleichzeitig sind aber beide in ein Beziehungsverhältnis, in ein gegenseitiges Abhängigkeitsverhältnis gesetzt, denn sie definieren sich gegenseitig. Genau auf dieses Problem aber spielt Nāgārjuna an, wenn er über das Sein, bzw. Nichtsein des Nirvāṇa reflektiert. Wenn aber nichts anderes zu sagen übrig bleibt, als daß alle Qualifikationen und Bezeichnungen, Definitionen und Bestimmungen für Nirvāṇa nicht zutreffen, sondern daß Nirvāṇa leer (*śūnya*) ist, dann sind Nirvāṇa und Saṃsāra unter Maßgabe der Leerheit identisch (Verse 19 und 20).

Bei der Frage nach der ontologischen Bestimmbarkeit des Nirvāṇa orientiert sich Nāgārjuna am sogenannten ↗*catuṣkoṭi*, dem Tetralemma. Nacheinander

125 *kartavya*; dies entspricht in Vers 17, auf den Nāgārjuna sich hier bezieht, dem Begriff *kārya*.

126 Wörtl.: „wenn Nicht-Leeres nicht zu finden ist" (*yady aśūnyaṃ na vidyate*).

stellt er die vier folgenden Propositionen vor, um sie als unhaltbar und in sich widersprüchlich zurückzuweisen:

I. Nirvāṇa ist Seiendes (Verse 4-6)
II. Nirvāṇa ist Nicht-Seiendes (Verse 7-10)
III. Nirvāṇa ist zugleich Seiendes und Nicht-Seiendes (Verse 11-14)
IV. Nirvāṇa ist weder Seiendes noch Nicht-Seiendes (Verse 15-16)

Indem er nun zeigt, daß keine dieser vier Möglichkeiten — und mehr gibt es nicht — zutrifft, daß Nirvāṇa also in keiner Weise ontologisch zu fassen ist, womit zugleich der Gegenbegriff, Saṃsāra, leer wird, kann er auch die vierzehn bekannten *avyākṛta*-Fragen (*↗avyākṛtavastu*) als unsinnig erscheinen lassen. In sehr verkürzter Form spricht er sie allesamt in den Versen 17-23 an. Es sind im einzelnen die vier Fragen (Tetralemma) nach der Existenz des Buddha über den Tod hinaus (Vers 17 und 21; Gruppe III der Avyākṛtavastu), die vier Fragen nach der zeitlichen Grenze der Welt (Vers 21 und vor allem 22; Gruppe II der Avyākṛtavastu), die vier Fragen nach dem Ausdauern der Welt (Vers 21 und vor allem 23; Gruppe I der Avyākṛtavastu) und schließlich die beiden Fragen, ob Leben und Körper (des Pudgala) identisch oder verschieden sind (Vers 23; Gruppe IV der Avyākṛtavastu). Zusätzlich enthält Vers 18 noch einen weiteren, wiederum im Tetralemma gefaßten Fragenkomplex nach der Existenz des Buddha zu Lebzeiten. Der Schlußsatz dieses Kapitels formuliert gleichsam das Ergebnis der Philosophie und Heilslehre Nāgārjunas:

> 25.24 Heilvoll ist die Beruhigung aller Wahrnehmung, die Beruhigung der Entfaltung. Nirgendwo wurde irgendeinem durch den Buddha irgendein Dharma gelehrt.

Der Vers zeigt, daß bei Nāgārjuna (und vielleicht gilt das überhaupt für die indische Philosophie) keine Trennung zwischen ontologischer und logischer Aussage gemacht wird. Die Interpretation dieses letzten Satzes hängt an dem Begriff *prapañca*, „Entfaltung". Entfaltung meint hier sowohl die erkenntnismäßige, begriffliche Entfaltung, meint aber auch die Welt als entfaltete, bzw. vielfältig gestaltete. Da nach indischer Auffassung keines der beiden logische Priorität über das andere für sich in Anspruch nehmen kann — zumindest lassen sich bei Nāgārjuna hierfür keine Anzeichen finden —, ist mit dem Verschwinden des einen immer auch das Verschwinden des anderen, bzw. mit dem Entstehen des einen immer auch das Entstehen des anderen verbunden.

25.1 Wenn die ganze Welt leer ist, so gibt es kein Entstehen und kein Vergehen [→ 24.1]. Was [aber] soll dann im Verlangen nach Nirvāṇa aufgegeben oder vernichtet werden?[127]

127 Wörtl.: „Aufgrund des Aufgebens oder Vernichtens von was wird Nirvāṇa gewünscht?" (*prahāṇād vā nirodhād vā kasya nirvāṇam iṣyate*).

25.2 Wenn die ganze Welt [aber] nicht leer ist, so gibt es [auch dann] kein Entstehen und kein Vergehen [→ 24.20]. Was aber soll dann im Verlangen nach Nirvāṇa aufgegeben oder vernichtet werden?

25.3 Was weder aufgegeben noch erlangt, weder unterbrochen noch andauernd, weder vernichtet noch entstanden ist, das wird Nirvāṇa genannt.

I. Nirvāṇa ist kein Seiendes

25.4 Nirvāṇa ist schon deshalb kein Seiendes (↗*bhāva*), weil es sonst zwangsläufig das Kennzeichen Altern und Sterben (*jarā-maraṇa-lakṣaṇa*) hätte. Es gibt nämlich kein Seiendes ohne Altern und Sterben.

25.5 Wäre Nirvāṇa ein Seiendes, so wäre es ein Zusammengesetztes (*saṃskṛta*), denn es findet sich nirgendwo irgendein Seiendes, das nicht zusammengesetzt wäre.[128]

25.6 Wäre Nirvāṇa ein Seiendes, wie könnte es dann unabhängig (*anupādāya*) sein? — Denn es findet sich kein Seiendes, das unabhängig wäre.

II. Nirvāṇa ist kein Nicht-Seiendes

25.7 Wenn Nirvāṇa nicht ein Seiendes ist, könnte es dann etwas Nicht-Seiendes sein? — [Nein, denn] wo es nichts Seiendes gibt, findet sich auch kein Nicht-Seiendes.

25.8 Wäre Nirvāṇa aber ein Nicht-Seiendes, wie könnte es dann unabhängig sein? — Denn es existiert kein Nicht-Seiendes, das unabhängig vorgefunden würde.[129]

128 Zu dem ↗*saṃskṛta*- und ↗*asaṃskṛta*-Dharma s. Kap. 7.

129 Das Verneinte wird als Ableitung oder Modifikation des Positiven betrachtet. In der Grammatik findet dies Ausdruck durch das Voranstellen des privativen *a*- an den positiven Begriff (↗*bhāva* → *a-bhāva*) (s. Anm. zu 15.5). Insofern ist das Negative immer vom Positiven abhängig.

25.9 Was [im Saṃsāra] als Seiendes kommt und geht, abhängig oder bedingt ist, das wird, sofern es unabhängig und nicht bedingt ist, als Nirvāṇa gelehrt.[130]

25.10 Buddha, der Lehrer, hat verkündet, daß [die Vorstellung vom] Werden [einer neuen Existenz] und [vom] Vergehen [einer Existenz] aufzugeben sei [wenn Saṃsāra überwunden werden soll]. Deshalb trifft für Nirvāṇa weder zu, daß es ein Seiendes ist, noch, daß es ein Nicht-Seiendes ist.

III. Nirvāṇa ist nicht zugleich Seiendes und Nicht-Seiendes

25.11 Wenn Nirvāṇa zugleich Nicht-Seiendes und Seiendes wäre, dann wäre auch die Erlösung (*mokṣa*) zugleich Nicht-Seiendes und Seiendes. Aber das trifft nicht zu.[131]

25.12 Wenn Nirvāṇa zugleich Nicht-Seiendes und Seiendes wäre, dann wäre Nirvāṇa nicht unabhängig, denn die beiden sind abhängig [voneinander].

25.13 Wie könnte denn Nirvāṇa zugleich Nicht-Seiendes und Seiendes sein, wenn Nirvāṇa doch nichts Zusammengesetztes ist, während dies für Nicht-Seiendes und Seiendes [, sofern beide zugleich gelten sollen,] zutrifft.

25.14 Wie könnte denn in Nirvāṇa zugleich Nicht-Seiendes und Seiendes enthalten sein, da doch beides nicht denselben Ort einnehmen kann — ebensowenig wie Licht und Finsternis.

130 Hier kündigt sich bereits die in den Versen 19 und 20 formulierte Überzeugung Nāgārjunas an, daß Saṃsāra und Nirvāṇa letztlich identisch sind.

131 Indem er *mokṣa*, die Befreiung vom Saṃsāra, zur Sprache bringt, verläßt Nāgārjuna die rein spekulative, philosophische Ebene und wendet sich der religiösen, moralischen Seite des Problems zu. Das konkrete Ziel der buddhistischen Heilspraxis ist *mokṣa*, nicht eigentlich Nirvāṇa, über welches man ja nichts sagen kann. Dennoch handelt es sich natürlich um wesensverwandte Begriffe, um zwei Aspekte desselben „Zustandes". Die Kennzeichen des einen müßten also auch die Kennzeichen des anderen sein. Daß nun *mokṣa* nicht zugleich Seiendes und Nicht-Seiendes ist, liegt für den praktizierenden Buddhisten auf der Hand: *mokṣa* ist erreicht, also existent, wenn durch das Auslöschen aller Saṃskāras, aller „Willensregungen", kein „Greifen einer Existenz" (*ātma-lābha*) mehr stattfindet. Sind jedoch noch Willensregungen vorhanden, ist *mokṣa* nicht existent. Nach dem Kriterium Vorhandensein oder Nicht-Vorhandensein von Saṃskāras ist also *mokṣa* nur entweder seiend oder nicht-seiend.

IV. Nirvāṇa ist nicht weder Seiendes noch Nicht-Seiendes

25.15 Wenn tatsächlich nachgewiesen wäre, daß Nicht-Seiendes und Seiendes [hinsichtlich Nirvāṇa zutreffen], dann könnte sich auch der Satz, „Nirvāṇa ist weder Nicht-Seiendes noch Seiendes", als wahr erweisen.[132]

25.16 Wenn [aber] das Nirvāṇa als weder Nicht-Seiendes noch Seiendes tatsächlich zu finden wäre, durch wen könnte dann dieser Satz erhellt werden:[133] „Das Nirvāṇa ist weder Nicht-Seiendes noch Seiendes"?

V. Konsequenzen aus dem Gesagten

25.17 Ebensowenig lassen sich die Aussagen erhellen: „Den Erhabenen gibt es über den Tod hinaus", „es gibt ihn nicht", „[es trifft] beides zugleich [zu]", „[es trifft] keines von beidem [zu]".

25.18 Auch lassen sich diese Aussagen nicht erhellen: „Es gibt den Erhabenen zu Lebzeiten", „es gibt ihn nicht", „beides" und „keines von beidem".

132 Eine Verneinung von Nicht-Seiendem und Seiendem ist nach Candrakīrti nur zulässig, wenn die ‚positiven' Kennzeichen (Nicht-Seiendes/Seiendes) als tatsächlich bestehend nachgewiesen sind. Da dies — wie die bisherigen Ausführungen gezeigt haben — nicht der Fall ist, trifft eben auch das vierte Glied des Tetralemma, „weder Seiendes noch Nicht-Seiendes", nicht zu.

133 *kena tad ajyate*; Nāgārjuna erwartet hier als Anrwort, daß es natürlich niemanden gibt, der dies leisten könnte. Candrakīrti führt das näher aus: Es gibt ihn nicht in dieser Welt, und es gibt ihn auch nicht in der anderen Welt, dem Nirvāṇa, weil dort nach der Definition gar keine Persönlichkeiten, die etwas erkennen können, existieren. Wenn es nun in dieser Welt einen gäbe, der diese doppelte Verneinung begreifen könnte, so wäre zu fragen, ob seine Erkenntnis empirisch (vermittels *vijñāna*) oder metaphysisch (vermittels *jñāna*) gewonnen wurde. Empirische Erkenntnis scheidet aus, da sie sich immer auf Vereinzeltes, Bestimmtes, bezieht, Nirvāṇa aber keinerlei Bestimmungen kennt. Doch auch vermittels metaphysischer Erkenntnis ist der Satz nicht zu fassen, denn *jñāna* zielt immer auf das Absolute, auf *śūnyatā*, hin und gehört gar selbst zum Bereich dessen, was nicht [abhängig] entstanden ist (*anutpāda*). Weil die Aussage also von niemandem begriffen werden kann, trifft sie nicht zu — so Candrakīrti.
Das Verfahren erinnert an die totale „negative Dialektik" des Gorgias, der erstmals in Griechenland Ontologie, Epistemologie und Semantik gleichermaßen ad absurdum führte, ohne eine positive Gegenthese aufzustellen. Das Ergebnis seiner Analyse lautet — hier nur kurz angedeutet:
(1) Nichts existiert (ontologisch).
(2) Wenn etwas existiert, kann es nicht wahrgenommen werden (epistemologisch).
(3) Wenn etwas existiert und wahrgenommen wird, kann es einem anderen nicht übermittelt werden (semantisch).

25.19 Es gibt nichts, was den Saṃsāra vom Nirvāṇa, und das Nirvāṇa vom Saṃsāra unterscheidet.

25.20 Die Grenze des Nirvāṇa ist zugleich die Grenze des Saṃsāra. Zwischen diesen beiden wird auch nicht der feinste Unterschied gefunden.

25.21 Alle Ansichten wie, „[Existenz] über den Tod hinaus", „[die Welt] hat ein Ende usw.", „[die Welt] ist beständig usw.", stützen sich [auf die falsche Vorstellung], das Nirvāṇa kenne einen früheren und einen späteren Zeitpunkt.

25.22 Wenn aber alle ↗Dharmas leer sind, was ist dann ohne Ende, was mit Ende, was ist dann gleichzeitig ohne Ende und mit Ende, was weder ohne Ende noch mit Ende?

25.23 Was ist dann Identität, was Differenz [von Leben und Körper], was ist andauernd, was nicht andauernd, was nicht andauernd und andauernd zugleich oder keines von beidem?

25.24 Heilvoll ist die Beruhigung aller Wahrnehmung, die Beruhigung der Entfaltung. Nirgendwo wurde irgendeinem durch den Buddha irgendein Dharma gelehrt.

Exkurs
Gehören die beiden folgenden Kapitel zum ursprünglichen Text?

Eigentlich erwartet man nach der Lektüre der vorhergegangenen Kapitel und vor allem nach dem fünfundzwanzigsten, das die Identität von Saṃsāra und Nirvāṇa verkündete und darüber hinaus festgestellt hat, daß niemals von irgendeinem Buddha ein Dharma gelehrt worden sei, daß das Werk nun abgeschlossen ist. In der Tat besteht keine einhellige Meinung unter den Gelehrten darüber, ob es sich bei den nun folgenden zwei Kapiteln nur um Anhängsel handelt, ob sie überhaupt von Nāgārjuna stammen, oder ob diese Kapitel nicht einfach irgendwo vorne in den Text hinein gehören.

Es lassen sich jedoch auch Argumente finden, warum es dem Endredaktor sinnvoll erschienen sein mag, diese beiden Kapitel an das Ende der MMK zu hängen.

Es ist kein Geheimnis und eine immer wieder beobachtete Tatsache, daß die erlösende Einsicht bei Nāgārjuna in jedem Kapitel seines Werkes gewonnen werden kann. Die Prinzipien seines Denkens und ihre Ergebnisse sind überall dieselben. Dies wäre mit jener Erfahrung in Einklang zu bringen, daß eine erlösende Einsicht jederzeit und völlig unabhängig von bestimmten Vorbedingungen eintreten kann. Betrachtet man aber die MMK als eine Geistesschulung, dann zielt der Text auf die im 25. Kapitel dargelegte Einsicht hin. Diese Einsicht beruht auf der Doppelsinnigkeit des Begriffes Leerheit (*śūnyatā*): Sie meint einmal die Tatsache, daß alles im gegenseitigen Bedingungsverhältnis steht; Sie meint andererseits aber auch die Leerheit aller Ansichten. Hat man dies vor Augen, dann wird verständlich, warum nun im 26. Kapitel der Lehrsatz vom abhängigen Entstehen (*pratītyasamutpāda*), im darauffolgenden Kapitel aber von den falschen Ansichten (*dṛṣṭi*) die Rede ist. Es wird also in diesen letzten beiden Kapiteln nochmals die grundlegende Bedeutung des Begriffes Leerheit (*śūnyatā*) kommentiert. Die eine Bedeutung betrifft ihre Funktion (vgl. Kap. 24): darzulegen, daß alles abhängig ist und mithin kein eigenes, selbständiges Wesen (*svabhāva*) hat. Die andere betrifft ihre eigentliche Bedeutung als Lehre der Leerheit, weil sie sonst zu einer Ansicht unter anderen würde, mithin eben auch eine falsche Ansicht.

Ein weiterer Umstand kommt noch hinzu: Der Pāli-Kanon beginnt mit dem Ereignis des Erwachens des Erhabenen unter dem Bodhibaum (Mahāvagga I,1). Dabei erkannte der Erhabene, daß alles in Abhängigkeit geschieht. Der Inhalt dieses Erlebnisses ist der Pratītyasamutpāda. Damit beginnt die buddhistische Lehre. Wenn nun Nāgārjuna nach seiner Schlußfolgerung, daß niemals etwas gelehrt worden sei (25.24), wieder mit der „Erörterung" des Pratītyasamutpāda beginnt, dann kann dieses Vorgehen auch dahingehend interpretiert werden, daß man nach der Geistesschulung der vorhergegangenen 25 Kapitel den buddhistischen Kanon mit ganz anderen Augen oder in ganz neuer Weise wieder zu lesen anfangen soll und kann.

Nimmt man nun an, die letzten beiden Kapitel stammten nicht von Nāgārjuna, und führt dazu den Verehrungsvers 27.30 als Argument ins Feld, dann ist dazu zu sagen, daß einer, der den Text zuvor gelesen und durchdacht, der also das Prinzip der Lehre von der Leerheit begriffen hat, auch den letzten Vers nicht mehr so unbefangen lesen kann, als hätte er Nāgārjuna nicht gelesen. Die unterstellte gutgemeinte Absicht eines möglichen, fiktiven Endredaktors, der durch den Verehrungsvers 27.30 den Schlußvers 25.34, der isoliert betrachtet jeden gläubigen Buddhisten brüskieren, wenn nicht gar schockieren muß, hätte entschärfen wollen, geht dadurch fehl. Wenn uns diese beiden Verse kontradiktorisch erscheinen, dann ist dieser Gegensatz — und soviel sollte man von Nāgārjuna mittlerweile gelernt haben — in der Leerheit aufgehoben.

Der Rest an Unbehagen, der dem Leser bei dem Verehrungsvers 27.30 verbleiben mag, beruht vielleicht auf dem unbewußten Vorurteil, dem zu verfallen wir alle ausgesetzt sind: daß nämlich ein Philosoph von solch geistigem Format nicht mehr einfacher buddhistischer Mönch sein kann. Man unterstellt also unbewußt einen Dualismus zwischen hochgeistigem Philosophen und einfachem, wenn nicht gar einfältigem Mönch. Daß diese Dichotomie, die es selbstverständlich gibt, in einer Person aber aufgehoben sein kann, fällt bisweilen schwer zu akzeptieren. Doch macht dies gerade die Größe einer Persönlichkeit aus. Wenn also Nāgārjuna diesen Verehrungsvers an das Ende seiner Ausführungen setzt, dann drückt sich darin die Verehrung an den Erhabenen, an den großen Meister und Lehrer aus, der dadurch, daß er das Rad der Lehre (Dharma) in Bewegung gesetzt hat, den Weg eröffnete, ohne den auch ein Nāgārjuna nicht *der* Nāgārjuna geworden wäre.

Kapitel 26
Der zwölfgliedrige Lehrsatz vom abhängigen Entstehen (*dvādaśāṅga*)

Das 26. Kapitel ist eine in Verse gefaßte Version der altbekannten Formel des Entstehens in Abhängigkeit (*pratītyasamutpāda*). Lediglich zwei Besonderheiten sind gegenüber der alten Formel anzumerken:

1. Die Verse 4 und 5 sind nach dem damaligen Kenntnisstand notwendige Einfügungen, weil sonst die logische Abfolge nicht mehr gewährleistet gewesen wäre. Nach der alten Formel folgt unmittelbar auf den sechsfachen Bereich (↗*ṣaḍāyatana*) die Berührung (↗*sparśa*). Nāgārjuna sah sich offenbar veranlaßt, hierzu eine nähere Erklärung abzugeben. Er führt hier in Kürzestform die 18 ↗Dhātus ein. Das bringt mit sich, daß hier nochmals das Erkennen (*vijñāna*) genannt wird, das in Vers 2 bereits als drittes Glied des Pratītyasamutpāda angeführt wurde. Erkennen (*vijñāna*) meint aber in diesem Falle das spezielle, sich aus der sinnlichen Wahrnehmung entwickelnde Bewußtsein, während es als drittes Glied des Lehrsatzes den geistigen Bereich der Erkenntnismöglichkeit bezeichnet.

2. Die Verse 9ff. sind ein Anhängsel an die klassische Formel, lediglich um nochmals zu verdeutlichen, daß alles Leid ist und daß dieses letztlich aus den Tatabsichten (*saṃskāra*) resultiert. Damit hat Nāgārjuna wieder den Bogen zum Karma geschlagen als der Kraft, die die Lebewesen im Kreislauf der Wiedergeburt (*saṃsāra*) und mithin im Leid festhält.

26.1 Einer, der von Unwissenheit (↗*avidyā*) umhüllt ist, bildet in dreifacher Weise[134] seine Tatabsichten (*saṃskāra*) aus; [dies ist die Grundlage] für eine weitere Existenz (*punarbhava*). In welchen [der sechs] Existenzbereiche (↗*gati*) er gelangt, das bestimmt er durch seine Taten.

134 Nämlich moralisch gut, schlecht und neutral.

26.2 In der [jeweiligen] Existenz richtet sich dann, abhängig bedingt durch die Tatabsichten, das Erkennen (*vijñāna*) ein. Dann, wenn das Erkennen eingerichtet ist, bildet sich ‚Name und Gestalt' (*nāma-rūpa*).

26.3 Nachdem sich aber ‚Name und Gestalt' gebildet hat, entsteht der sechsfache [Sinnes-]Bereich (↗*ṣaḍāyatana*). Ist der sechsfache Bereich erlangt, kommt Berührung (*saṃsparśa*) zustande.

26.4 Abhängig von Sehvermögen, Gestalt und Aufmerksamkeit (*samanvāhāra*), abhängig auch von ‚Name und Gestalt', kommt das Erkennen (*vijñāna*) zustande.

26.5 Das Zusammenfallen dieser drei: Gestalt, Erkennen und Sehvermögen, [bildet] die Berührung (↗*sparśa*);[135] und aus dieser Berührung kommt die Empfindung (*vedanā*).

26.6 Bedingt durch Empfindung [entsteht] das Verlangen (*tṛṣṇā*), denn Verlangen bezieht sich [immer] auf eine Empfindung. Indem man verlangt, hat man in vierfacher Weise Ergreifen (*upādāna*).[136]

26.7 Indem das Ergreifen existiert, entwickelt sich das Werden (↗*bhava*) des Ergreifenden. Denn: Hätte man kein Ergreifen, wäre man befreit, und es gäbe kein Werden [einer weiteren Existenz] mehr.

26.8 Werden bedeutet soviel wie [Vorhandensein der] fünf Skandhas. Aus dem Werden entwickelt sich [also] die Geburt (↗*jāti*) [einer Persönlichkeit] und [in der Folge dann] Altern und Sterben (↗*jarāmaraṇa*), Leid usw., Sorgen und Jammern.

135 „Gestalt" (*rūpa*) und „Sehvermögen" (*cakṣus*) sind allgemein als „Objekt" und „Sinnesfähigkeit" zu verstehen (zum Verfahren, das erste Elemet einer Gruppe für das Ganze zu nehmen, s. z.B. Kap. 3). Ähnlich ist „Berührung" (*sparśa*) nicht auf Hautkontakt begrenzt, sondern meint Kontakt allgemein, also etwa auch den über das Sehen vermittelten Kontakt zu einem Objekt.

136 Im Zusammenhang des Pratītyasamutpāda wird *upādāna* speziell auf diese vier Objekte bezogen: (sexuelle) Leidenschaft (*kāma*), (falsche) Theorie (*dṛṣṭi*), Moral (*śīla*) und ↗Ātman.

26.9 [Auch] Niedergeschlagenheit und Verwirrung entwickeln sich aus der Geburt. So entsteht diese ganze ausschließliche Anhäufung von Leid.

26.10 Der Unwissende erschafft also die Tatabsichten, die Wurzel des Saṃsāra. Deshalb ist der Unwissende ein Schaffender, nicht der Wissende, weil der die Wirklichkeit richtig sieht.

26.11 Wenn die Unwissenheit vernichtet ist, entstehen keine Tatabsichten mehr. Vernichtung der Unwissenheit aber [ist möglich], wenn wahre Erkenntnis (*jñāna*)[137] vorhanden ist.

26.12 Wenn dieses oder jenes [Glied der Kette] vernichtet ist, wird dieses oder jenes [Glied] nicht mehr entstehen. So wird auf die richtige Weise diese bloße Anhäufung von Leid vernichtet.[138]

Kapitel 27
Die [falsche] Ansicht (*dṛṣṭi*)

Widerlegung der sechzehn falschen Ansichten

Gleich den vierzehn nicht beantwortbaren und daher nicht zu stellenden Fragen (↗Avyākṛtavastu; s. Einführung in Kap. 25) sind auch die 16 falschen Ansichten, die dem Brahmajālasutta entnommen sind[139], in Tetralemmata (↗*catuṣkoṭi*) gegliedert. Sie beziehen sich auf die beiden wesentlichsten Elemente, das Selbst und die Welt, und betrachten diese auf der einen Seite als beständig, auf der anderen als vergänglich. Die sechzehn falschen Ansichten sind in folgende Gruppen eingeteilt:

137 Zur Unterscheidung von *vijñāna* und *jñāna* s. Anm. zu 25.16.

138 So wie die erste Zeile dieses Verses (Pada a-b) formuliert ist, handelt es sich zunächst nur um eine Aussage über *nirodha*, die Vernichtung: Was einmal vernichtet ist, entsteht niemals mehr wieder. Der Nachsatz jedoch macht deutlich, daß aus der Vernichtung eines einzelnen Gliedes des Pratītyasamutpāda die Vernichtung der gesamten Kette folgt (das wird ja auch im vorhergehenden Vers bereits angedeutet). Dies liegt ohnehin auf der Hand, wenn *pratītyasamutpāda* „gegenseitig abhängiges Entstehen“ heißt. So nimmt sich auch Candrakīrti die Freiheit, den fraglichen Satz wie folgt zu modifizieren: „‚Durch die Vernichtung jedes früheren Gliedes entsteht die Vernichtung jedes darauffolgenden Gliedes‘ — so ist [der Satz] zu verstehen“ (*pūrvasya pūrvasya aṅgasya nirodhena uttarasyottarasya aṅgasya nirodho bhavatīti vijñeyam*).

139 Dīghanikāya, Nr. 1. Siehe dazu vor allem Dutt (1932); weitere Literatur zu diesem Kapitel bei May (1959): 277, n. 1015.

I. Die Ansichten vom Andauern des Selbst (*śāśvatātmadṛṣṭayaḥ*):
(1) Ich war in früheren Zeiten;
(2) Ich war nicht in früheren Zeiten;
(3) Ich war in früheren Zeiten und zugleich nicht;
(4) Ich war weder in früheren Zeiten noch war ich nicht.

II. Die Ansichten vom Andauern der Welt (*śāśvatālokadṛṣṭayaḥ*):
(1) Die Welt ist andauernd;
(2) die Welt ist nicht andauernd;
(3) die Welt ist sowohl andauernd als auch nicht andauernd;
(4) die Welt ist weder andauernd noch nicht andauernd.

III. Die Ansichten von der Endlichkeit des Selbst (*antavadātmadṛṣṭayaḥ*):
(1) Werde ich in Zukunft sein?
(2) Werde ich in Zukunft nicht sein?
(3) Werde ich in Zukunft zugleich sein und nicht sein?
(4) Werde ich in Zukunft weder sein noch nicht sein?

IV. Die Ansichten von der Endlichkeit der Welt (*antavallokadṛṣṭayaḥ*):
(1) Wird die Welt in Zukunft sein?
(2) Wird die Welt in Zukunft nicht sein?
(3) Wird die Welt in Zukunft zugleich sein und nicht sein?
(4) Wird die Welt in Zukunft weder sein noch nicht sein?

Alle diese Fragen sind nicht zu stellen und auch nicht zu beantworten, weil sie in Extreme führen und unauflösbare Positionen verfestigen. Nāgārjunas Position ist die, daß nur durch die Leerheit (*śūnyatā*) Positionen aufgelöst werden können.

27.1 Diese Ansichten gründen auf der Vergangenheit: „In früherer Zeit war ich, war ich nicht [usw.]", „Die Welt ist andauernd — usw.".

27.2 Diese [hinter den folgenden Fragen versteckten] Ansichten gründen auf der Zukunft: „Werde ich [in der Zukunft] nicht sein? — Werde ich in der Zukunft ein anderer sein?" und „Hat [die Welt] ein Ende? — usw.".

27.3 [Die Aussage:] „In früherer Zeit war ich", ist nicht möglich, denn dieser [Mensch] hier ist nicht genau derselbe (*sa eva*), der er in seinen früheren Geburten war.

27.4 Nimmt man aber an, der ↗Ātman sei [noch] derselbe, so unterschieden sich doch die [fünf Gruppen des] Ergreifens.[140] Aber welcher Ātman, der vom Ergreifen losgelöst ist, bleibt dir dann noch?

27.5 Wenn [die Ansicht] vertreten wird: „Einen vom Ergreifen losgelösten Ātman gibt es nicht", dann wäre eben das Ergreifen selbst der Ātman; aber auch dann [müßt] ihr [sagen]: „Der Ātman existiert nicht".

27.6 Das Ergreifen selbst ist aber nicht der Ātman, [denn] es vergeht und entsteht. [Und außerdem:] Wie sollte denn das Ergreifen zum Ergreifer (nämlich Ātman) werden?

27.7 Indessen ist es auch nicht möglich, daß der Ātman etwas anderes als das Ergreifen ist. Denn wäre er etwas anderes, würde er ohne Ergreifen ergreifen — und das ist undenkbar.

27.8 So ist der Ātman weder etwas anderes als das Ergreifen noch ist er dasselbe wie das Ergreifen; er existiert auch nicht ohne Ergreifen. Daß er gar nicht existiert, ist aber auch nicht gewiß.

27.9 Es ist [auch] nicht möglich zu sagen: „In früherer Zeit war ich nicht". Denn dieser hier ist nicht ein anderer als jener, der er in seinen früheren Geburten war.

27.10 Wenn nämlich dieser hier ein anderer wäre [als jener], so wäre er völlig unabhängig [von jenem] entstanden. Ebenso würde jener [frühere] [in seiner Existenz] bestehen bleiben, und [dieser hier] würde dann geboren werden, ohne [als früherer] gestorben zu sein.

27.11 Es gäbe ein Unterbrechen und Vernichten des Karma[-Zusammenhanges]; vom einen würde die Tat ausgeführt werden, der andere würde [ihre Folgen] erfahren. Dies und weiteres[141] wären die Folgen.

27.12 Auch kann [der Ātman] nicht entstanden sein, ohne zuvor bereits existiert zu haben. Denn sonst ergäbe sich notwendig der Fehler, daß

140 *upādāna*, das „Ergreifen"; gemeint sind natürlich die fünf *upādāna-skandha*, die Konstitutionsmomente der Persönlichkeit (s. Einleitung zu Kap. 4).

141 Zu lesen ist hier *evamādi*, nicht — wie de Jong — *evam ādi*; *ādi* ist also hier das Hinterglied des Kompositums im Sinne von „usw.", *evamādi*: „so usw.". Nach de Jongs Lesart hieße Pada d des Verses: „So wäre ein Anfang (*ādi*) [des Saṃsāra] die Folge."

der Ātman entweder etwas [von anderem] Geschaffenes wäre, oder daß er ohne Grund entstanden wäre.

27.13 So ist also [jede] Ansicht, die sich auf die Vergangenheit bezieht, nämlich: „Ich war nicht“, „ich war“, „beides“, „keines von beidem“, falsch.

27.14 Die Ansicht, [die sich hinter den Fragen verbirgt:] „Werde ich denn in Zukunft sein?“, oder: „Werde ich nicht sein?“, ist der [Frage nach der] Vergangenheit gleich.

27.15 Wäre der Mensch ein Gott, so würde er andauern. Ein Gott dürfte aber nicht entstanden sein, denn was geboren wird, dauert nicht an.

27.16 Wäre der Mensch etwas anderes als ein Gott, dann würde er also nicht andauern. Wenn [aber] der Mensch etwas anderes als ein Gott ist, dann ergibt sich unmöglich eine zusammenhängende Reihe (*saṃtati*).[142]

27.17 Wäre die eine Seite göttlich, die andere menschlich, so wäre [dieses Wesen] nicht-andauernd und andauernd zugleich. Aber das ist unsinnig.

27.18 Wenn nachzuweisen wäre, daß [die Ansicht] „nicht-andauernd und andauernd zugleich“ zutrifft, dann wäre ebensogut (*kāmam*) auch der Nachweis möglich, daß [die Ansicht] „weder andauernd noch nicht-andauernd“, richtig ist.

142 Siehe hierzu die Einführung zum Kap. 17. Dort, im 17. Kapitel, war die *saṃtāna*-Theorie einer kontinuierlichen kausalen Reihe von Candrakīrti allerdings mit dem Hinweis kritisiert worden, daß man — wenn aus Gleichem immer nur Gleiches wird — als Gott oder Mensch nicht in eine schlechtere Existenz fallen könnte, selbst nicht bei gröbstem Fehlverhalten. Hier nun wird gerade umgekehrt argumentiert: Die Theorie (des Gegners) zugrunde gelegt, daß vermittels einer *saṃtāna/saṃtati*-Reihe ein Wesen in eine bessere Existenzform gelangen könne, dürften etwa Götter und Menschen keine grundsätzlich verschiedenen Wesen sein, sondern müßten als verschiedene Erscheinungsformen desselben Wesens gelten. Diese Möglichkeit aber war schon in Vers 15 ausgeschlossen worden. Das Verfahren der Mādhyamikas erscheint recht fragwürdig: Hier wird mit einer weiter oben bereits verworfenen Theorie argumentiert!

27.19 Damit der Saṃsāra tatsächlich ohne Anfang ist, müßte jemand [oder] etwas von irgendwo herkommen, um irgendwo hinzugehen. Aber so jemanden [oder so etwas] gibt es nicht.[143]

27.20 Wenn es niemanden gibt, der andauernd existiert, wer könnte dann nicht andauernd sein, wer andauernd und nicht andauernd zugleich, wer verschieden von diesen beiden [Existenzformen]?

27.21 Wenn diese Welt (*loka*) endlich wäre, wie könnte es dann die andere Welt (*paraloka*) geben? — Aber [wenn] diese Welt nicht endlich wäre, [auch dann:] wie könnte es die andere Welt geben?[144]

27.22 Weil die Skandhas eine zusammenhängende Reihe (*saṃtāna*) wie die Lichtstrahlen bilden, deshalb trifft [für die Welt] weder Unendlichkeit noch Endlichkeit zu.

27.23 Würden die früheren Skandhas zerbrechen und jene [neuen] Skandhas nicht durch diese bedingt entstehen, dann wäre die Welt endlich.

27.24 Würden die früheren Skandhas nicht zerbrechen und jene [neuen] Skandhas nicht durch diese bedingt entstehen, dann wäre die Welt nicht endlich.

27.25 Wenn die Welt aber zur Hälfte endlich, zur Hälfte unendlich wäre, dann wäre sie zugleich endlich und nicht endlich. Aber das ist unsinnig. [→ 17]

27.26 Könnte denn tatsächlich der eine Teil des [vermittels der Skandhas] Ergreifenden zugrunde gehen und der andere Teil nicht? — Derartiges ist doch unsinnig.

27.27 Könnte denn etwa der eine Teil des Ergreifens zugrunde gehen, der andere nicht? — Auch das ist doch unmöglich!

143 Das zweite Kapitel hatte ja als Ergebnis, daß es weder eine begehbare Strecke, noch einen Geher, noch ein Gehen gibt.

144 Die andere Welt kann per definitionem nur existieren, wenn es diese Welt gibt. Wenn es diese Welt gibt, kann sie nur entweder endlich oder nicht endlich sein. Ist sie endlich, hört sie auf, existiert nicht mehr. Damit existiert dann die andere Welt auch nicht. Hat diese Welt nun kein Ende, bleiben alle Wesen hier, weshalb die andere Welt völlig sinnlos wäre.

27.28 Wenn nachzuweisen wäre, daß [die Ansicht] „[Die Welt] ist endlich und nicht endlich zugleich“ zutrifft, dann wäre ebensogut auch der Nachweis möglich, daß [die Ansicht] „weder endlich noch nicht endlich“ richtig ist. [→ 18]

27.29 Weil nun aber alle Dinge leer sind: Wo und weshalb könnten denn welche Ansichten, die sich auf Andauern usw. beziehen, bei wem entstehen?

27.30 Ihn, der aus Mitleid den wahren Dharma[145] verkündet hat, damit alle Ansichten aufgegeben werden, ihn, den Gautama, verehre ich tief.

145 Dharma hier im Sinne der buddhistischen Lehre.

SANSKRITINDEX

Der Index ist auch für Nicht-Sanskritisten gedacht und deshalb nach dem lateinischen Alphabet geordnet. Verweise auf die hier erklärten Termini werden durch ↗ gegeben. Die Stellenbelege aus den MMK bilden nur eine Auswahl.

Sanskrit — Deutsch

Abhidharma wörtl.: „Was sich auf den Dharma bezieht"; die Scholastik, die nach den Lehrtexten (Sūtra) und der Ordensregel (Vinaya) den dritten sog. „Korb" (*piṭaka*) des buddhistischen Kanons, des „Dreikorbs" (*tripiṭaka*), bildet. Ausgehend von dieser ursprünglich nur als Klassifikation der Lehre gedachten Literatur entwickelten sich verschiedene Schultraditionen mit unterschiedlichen Lehrmeinungen der frühen buddhistischen Philosophie.

ādhipateya „was [den Dharmas] übergeordnet ist", der umfassende Grund; einer der vier ↗*pratyaya*. MMK 1.2.

akuśaladharma die (zehn) „unheilvollen Gegebenheiten" (↗*kuśaladharma*).

Akutobhayā Name des frühesten Kommentars zu den MMK. Nach der tibetischen Tradition soll er auf Nāgārjuna selbst zurückgehen, wahrscheinlich ist er aber erst hundert Jahre nach Nāgārjuna geschrieben. Die Akutobhayā ist nur in tibetischer Übersetzung erhalten (Deutsch von Walleser: 1911). Der Name ist abgeleitet von einem Epitheton für ↗*Nirvāṇa*: „Die [Kommentarschrift, die] von nirgendher mehr etwas zu fürchten hat".

ālambana s. *ārambaṇa*.

anantara der „unmittelbar vorausgehende Grund"; einer der vier ↗*pratyaya*. Gemeint ist, daß ein Ding vergehen muß, damit ein anderes entstehen kann. MMK 1.2,9.

anātman „keinen Ātman habend", d.h. kein die Zeiten überdauerndes, unzerstörbares Wesen habend (↗Ātman). Im frühen Buddhismus werden sowohl Dinge als auch die empirische Person als *anātman* bezeichnet. In der weiteren Entwicklung der buddhistischen Philosophie wird *anātman* für Personen gebraucht und die Wesenlosigkeit der Dinge mit ↗*niḥsvabhāva* bezeichnet.

ārambaṇa oder *ālambana* „Stütze", einer der vier ↗*pratyaya*. MMK 1.2,8.

arhat „Heiliger", einer, der schon in diesem Leben das Erlösungsziel erreicht hat. Die Arhatschaft ist die letzte der vier „Früchte" (↗*phala* B) auf dem Erlösungsweg (↗*mārga*).

artha „Ding", „Sache", „Sachverhalt"; „Nutzen"; „Ziel". MMK 1.6; 4.2; 10.16; 22.11; 24.7.

āryapudgala ↗ *phala* B.

āryasatya die [vier] „edlen Wahrheiten". Die von Siddhārtha Gautama im Tierpark von Benares verkündeten Wahrheiten, mit denen er das Rad der buddhistischen Lehre ins Rollen gebracht hat. Formalisiert lauten sie:
(1) *duḥkha* „Leid"
(2) *duḥkha-samudaya* „Entstehung des Leides"
(3) *duḥkha-nirodha* „Vernichtung des Leides"
(4) *duḥkhanirodhagāminī pratipad* „Der Weg, der zur Vernichtung des Leides führt". Das letzte Glied ist gleich dem „edlen achtgliedrigen Pfad" (↗*āryāṣṭāṅgamārga*). MMK Kap. 24.

āryāṣṭāṅgamārga der „edle achtgliedrige Pfad":

(1) *samyag-dṛṣṭi*	rechte Ansicht
(2) *samyak-saṃkalpa*	rechtes Denken
(3) *samyag-vāc*	rechtes Reden
(4) *samyak-kārmānta*	rechtes Handeln
(5) *samyag-ājīva*	rechtes Leben
(6) *samyag-vyāyāma*	rechtes Streben
(7) *samyak-smṛti*	rechte Wachsamkeit
(8) *samyak-samādhi*	rechte Sammlung

asaṃskṛta „nicht zusammengesetzt". Damit wird die Kategorie der Dharmas bezeichnet, die nicht aus den drei Zeiten (Entstehen, Bestehen und Vergehen) zusammengesetzt sind (↗*Dharma*). ↗*Nirvāṇa* ist ein *asaṃskṛta-dharma*, je nach Schultradition werden jedoch bis zu neun verschiedene *asaṃskṛta-dharma* gezählt (s. Bareau [1955]: 260f.). Auch: „nicht durch Karma bedingt". Gegenteil von ↗*saṃskṛta*.

ātman substantiviertes Reflexivpronomen: das „Selbst", meint das alle Erscheinungsformen des Menschen und seiner Zeit überdauernde Wesen des Menschen, das gleichzeitig mit dem Urgrund aller Erscheinungen identisch ist. Wird von den Buddhisten als unbeweisbar abgelehnt. ↗*anātman*. MMK 3.2; 7.25,32; 9.9; 10.15f.; 18.1,2,6; 20.5,23; 23.3,21ff.; 27.4-8,12.

avidyā „Unwissenheit". In erster Linie Unwissenheit über die buddhistische Heilslehre, d.i. die vier edlen Wahrheiten (↗*āryasatya*). Erstes Glied des Lehrsatzes vom abhängigen Entstehen (↗*pratītyasamutpāda*); ↗*kleśa*. MMK 23.23; 26.1,11.

avyākṛtavastu „unentfalteter (nicht begreifbarer) Sachverhalt". Es handelt sich um vierzehn Fragen bzw. Probleme, auf die der Buddha sich weigerte, eine Antwort zu geben, weil sie nicht beantwortet werden können (MN Nr. 63; Dharmasaṃgraha Nr. 137). Die Fragen sind in vier Gruppen eingeteilt (s. Rosenberg [1924]: 58f.):
— I. Gruppe: (1) *śāśvato lokaḥ* (2) *aśāśvato lokaḥ* (3) *śāśvataś cāśāśvataś ca* (4) *naiva śāśvato nāśāśvataś ca* „Ist die Welt beständig? oder nicht? oder beides? oder keines von beiden?"
— II. Gruppe: (5) *antavāṃ lokaḥ* (6) *anantavāṃ lokaḥ* (7) *antavāṃś cānantavāṃlokaś ca* (8) *naivāntavān nānantavāṃś ca* „Ist die Welt [in der Zeit] begrenzt? oder nicht? oder beides? oder keins von beiden?"

— III. Gruppe: (9) *bhavati tathāgataḥ paraṃ maraṇāt* (10) *na bhavati tathāgataḥ paraṃ maraṇāt* (11) *bhavati na ca bhavati ca tathāgataḥ paraṃ maraṇāt* (12) *naiva bhavati na na bhavati tathāgataḥ paraṃ maraṇāt* „Existiert der Buddha nach dem Tode? oder nicht? oder beides? oder keins von beiden?" (↗*Tathāgata*).

— IV. Gruppe: (13) *sa jīvas tac charīram* (14) *anyo jīvo 'nyac charīram* „Sind das Leben und der Körper (die Persönlichkeit) identisch? oder nicht?"

āyatana „Grundlage" der sinnlichen Wahrnehmung. Es gibt deren zwölf, nämlich die sechs Sinnesfähigkeiten (↗*indriya*) sowie die sechs entsprechenden Objekte (↗*viṣaya*). Siehe Einleitung zu Kap. 9; MMK 14.2; 16.2; 26.3.

bhava „Werden". Das zehnte Glied des ↗Pratītyasamutpāda. MMK 21.15-18,21; 25.10; 26.7f.

bhāva das „Sein", das „Seiende"; „Ding", „Sache"; im Gegensatz zu ↗*bhava* „Werden" das Endprodukt eines Werdeprozesses (↗*svabhāva*). MMK 1.3,10; 4.7; 5.2,5-8; 7.17,21-24,27,30f.; 8.13; 9.2f.; 10.10f.,16; 11.8; 12.10; 13.3,6; 15.4-7; 21.4,8,12-15; 23.20; 24.16; 25.4-7,10-16; 27.29.

bodhisattva ein „Wesen (*sattva*), dem das geistliche Erwachen (*bodhi*) bestimmt ist", ein „zur Buddhaschaft bestimmtes Wesen". Es handelt sich also um ein Wesen, das mit Sicherheit eines Tages, sei es in der gegenwärtigen, sei es in einer zukünftigen Wiedergeburt, aufgrund seines bereits gesammelten Verdienstes ein Buddha werden muß. MMK 24.32.

catuṣkoṭi „Tetralemma", „Vierkant", das „Urteilen in den vier Setzungsgliedern" (Sturm [1995], S. XIII): (1) es ist, (2) es ist nicht, (3) es ist und ist zugleich nicht, (4) weder ist es noch ist es nicht. Sturm weist in seiner umfänglichen Untersuchung nach, daß tetralemmatisch strukturierte Aussageweisen nicht nur in der östlichen Philosophie Tradition haben, sondern auch im Westen — von der pyrrhonischen Skepsis bis Wittgenstein — zu belegen sind. Der Begriff „Catuṣkoṭi" kommt im Text selbst nicht vor; Nāgārjuna gebraucht ihn nicht, wendet aber die Methode an. Implizit in MMK 18.8, 22.11-12, Anm. zu 22.12, Kap. 25 (Einf.), 25.26, Kap. 27 (Einf.).

cetanā „gedanklicher Anstoß", „Absicht". Nach MMK 17.3 diejenige Tat (↗*karman*), die den geistigen (*mānasa*) Bereich betrifft. Auf sie folgen diejenigen sittlichen Taten (↗*kuśaladharma*), die den körperlichen Bereich (↗*kāya*) und den Bereich der Rede (↗*vāc*) betreffen.

citta „Geist", „Denken", „Gedanke".

1). Wird in derselben Bedeutung wie ↗*manas* gebraucht.

2). Zur Trias „Körper" (*kāya*), „Rede" (*vāc*) und „Geist" (*citta*) ↗*karman*.

3). Kategorie der ↗Dharmas, der auf der Ebene der ↗Skandhas ↗*vijñāna*, „Erkennen", entspricht. MMK 4.7; 17.9,10; 18.7; 24.12.

deva „Gott". Die Götter leben in einem der guten Wiedergeburtsbereiche (↗*gati*). MMK 27.15,16.

dharma Dieser schwierige Begriff, der sich nicht einfach übersetzen läßt, umfaßt drei Bedeutungsfelder:

1). Das „Gesetz“, die „Gesetzmäßigkeit“, nämlich sowohl das objektiv gegebene Gesetz (wie das Naturgesetz) als auch das positiv gesetzte: die Regel, an die man sich zu halten hat.
2). Im spezifischen Sinne: die buddhistische Lehre, die buddhistische Religion; also das Gesamt aller die buddhistische Heilspraxis betreffenden Lehren.
3). Im Plural: die „Gegebenheiten“, wie sie im ↗Abhidharma gelehrt werden. Je nach Schule zählt man 75-100 Dharmas. Damit sind alle diejenigen „Gegebenheiten“ oder Daseinsfaktoren gemeint, die den Prozeß der Welt ausmachen. Diese Dharmas zerfallen in zwei ungleich große Gruppen: die *saṃskṛta*-Dharmas, die „zusammengesetzten Gegebenheiten“ und die *asaṃskṛta*-Dharmas, die „nicht zusammengesetzten Gegebenheiten“. Zusammengesetzt heißen sie deswegen, weil sie aus den drei Phasen ihres Prozesses — Entstehen, Bestehen und Vergehen — zusammengesetzt sind. Unzusammengesetzt ist nur ein Dharma, nämlich das Nirvāṇa, doch werden, je nach Schultradition, noch andere Dharmas (bis zu neun) als nicht zusammengesetzte gezählt. ↗*kuśaladharma*.

dhātu „Element“.

1). Zum einen sind damit die großen kosmischen Elemente (*mahābhūtāni*) gemeint, von denen in der buddhistischen Tradition sechs gezählt werden: (1) *pṛthivī*, Erde, (2) *āp*, Wasser, (3) *tejas*, Feuer, (4) *vāyu*, Wind, (5) *ākāśa*, Luftraum, (6) *vijñāna*, Erkennen.

2). Zum anderen bezeichnet *dhātu* die achtzehn Elemente, die sich wie folgt zusammensetzen: sechs Sinnesfähigkeiten (↗*indriya*), sechs den Sinnesfähigkeiten entsprechende Objekte (↗*viṣaya*) und sechs entsprechend der einzelnen Sinneswahrnehmung sich bildende Bewußtseine; also ‚Sehbewußtsein‘ usw. MMK 5.7; 16.2; 17.14.

3). Schließlich bedeutet *dhātu* auch „Sphäre“, „Bereich“, „Welt“. Damit sind Seinsbereiche benannt, in die die Lebewesen eingeteilt sind, nämlich (1) *kāmadhātu* der Bereich der Begierde, (2) *rūpadhātu* der Bereich der Form und (3) *arūpadhātu* der Bereich des Nicht-Formhaften. Als vierten Bereich fügt Candrakīrti (in seinem Kommentar zu MMK 17.14) dem noch *anāsrava* hinzu, die „reine [Welt]“.

doṣa die drei „Grundübel“, welche die Ursache sind für den Kreislauf im ↗Saṃsāra, nämlich: (1) *rāga*, Leidenschaft, (2) *dveṣa*, Haß, (3) *moha*, Verblendung.

dveṣa „Haß“, eines der drei Grundübel (↗*doṣa*).

gati wörtl.: „Gang“.

1). Der „Gang“, den ein Lebewesen nach seinem Tode nimmt; Wiedergeburtsbereich. Es werden sechs Existenzformen angeführt:

(1) *niraya/naraka*	Hölle
(2) *tiryak*	Tiere
(3) *preta*	Gespenster, hungrige Geister
(4) *nara*	Menschen
(5) *deva*	Götter

(6) *asura* Halbgötter (Sie werden auch ,eifersüchtige Götter' genannt, weil sie ständig den Himmel der Devas erobern wollen).

Die ersten drei Existenzformen gelten als „schlechte Existenzen" (*durgati*); die anderen drei als die „guten Existenzen" (*sugati*). MMK 26.1f.

2). Bei Nāgārjuna auch im Sinne der Bewegung des Gehens gebraucht. MMK 2.2,4,17f.,20,22f.,25.

hetu „Grund", „Ursache". Einer der vier ↗*pratyaya*. MMK 1.2,7; 8.4,9ff.; 15.1; 20.1-6,8-16,19-23; 21.15f.

indriya die [sechs] „Sinnesfähigkeiten":

(1) *cakṣus* Sehvermögen
(2) *śrotra* Hörvermögen
(3) *ghrāṇa* Riechvermögen
(4) *jihvā* Schmeckvermögen
(5) *kāya* Tastvermögen
(6) *manas* Denkvermögen

Diesen sechs Fähigkeiten entsprechen sechs Objekte (↗*viṣaya*) und bilden die Grundlage (↗*āyatana*) der sinnlichen Wahrnehmung. MMK 3.1.

jarāmaraṇa „Altern und Sterben". Das zwölfte Glied des ↗Pratītyasamutpāda.

jāti „Geburt". Das elfte Glied des ↗Pratītyasamutpāda.

kāmaguṇa „Objekt der Begierde". Damit sind die Objekte (↗*viṣaya*) der fünf Sinnesfähigkeiten (↗*indriya*) gemeint. MMK 17.11.

karman Karma, wörtl.: „Tat", meint im heilstechnischen Sinne das Gesamt der Handlungen, die aus einer früheren Existenz das Handeln eines Lebewesens bestimmen, was wiederum zu einer zukünftigen Existenz führt. „Karma" ist demnach in dreifacher Weise zu verstehen: Karma I: die Tatergebnisse der früheren Existenz, die die Daseinsform der Lebewesen in der jetzigen Existenz darstellen, aus denen ihre jetzigen Tatmotive resultieren. Karma II: die Tat im Vollzug. Karma III: das Tatergebnis, das die zukünftige Existenzart und die dortigen Lebensumstände mit den entsprechenden Handlungsmotiven bestimmt. In der Trias „Körper" (*kāya*), „Rede" (*vāc*) und „Geist" (*citta*) wird das Handeln des Menschen nach körperlichen, geistigen und sprachlichen Handlungen differenziert (↗*kuśaladharma*). MMK 2.19; 7.2; 8.1-3,9-13; 10.1; 17.2f., 5f.,10, 14-18,20-23,25ff.,29f.32f.; 18.5; 24.2,39; 26.1; 27.11.

karmapatha „Karmapfad", gleichbedeutend mit den zehn heilvollen (bzw. unheilvollen) Gegebenheiten (↗*kuśaladharma*). MMK 17.11.

kāya „Körper", „Leib"; „Masse"; zur Trias „Körper" (*kāya*), „Rede" (*vāc*) und „Geist" (*citta*) ↗*karman*.

kleśa „Befleckung", „Anhaftung"; bezeichnet die negativ qualifizierten Tatmotive. Es handelt sich um eine Gruppe von Übeln, die das Handeln eines Lebewesens ungünstig bestimmen. Die Anzahl ist nicht exakt festgelegt. Die folgenden sechs werden in Dharmasaṃgraha 67 aufgeführt:

(1) *rāga* Leidenschaft
(2) *pratigha* Feindseligkeit

(3) *māna* Eifersucht
(4) *avidyā* Nichtwissen, Unwissenheit
(5) *(ku)dṛṣṭi* (falsche) Ansicht
(6) *vicikitsā/vimati* Zweifel
MMK 14.2; 17.26f.,33; 18.5; 23.2-6,24f.; 24.39.

kuśaladharma die zehn „heilvollen Gegebenheiten". Diese sind nur negativ bestimmt, d.h. sie werden nur als Vermeidung der zehn „unheilvollen Gegebenheiten" (↗*akuśaladharma*) angegeben. Die zehn heilvollen Gegebenheiten bestehen demnach im Vermeiden von:
(1) *prāṇātipāta* Töten
(2) *adattādāna* Nehmen von Nicht-Gegebenem
(3) *kāmamithyācāra* Ehebruch (für Ordinierte: Geschlechtsverkehr)
(4) *mṛṣāvāda* Lügen
(5) *paiśunya* Verleumdung
(6) *pāruṣya* grobe Rede
(7) *saṃbhinnapralāpa* Geschwätz
(8) *abhidhyā* Begehrlichkeit
(9) *vyāpāda* Arglist
(10) *mithyādṛṣṭi* Häresie
Diese zehn Sittlichkeitsregeln sind bezogen auf „Körper" (*kāya*; Glieder 1-3), „Rede" (*vāc*; Glieder 4-7) und „Geist" (*citta*; Glieder 8-10).

lakṣaṇa „Kennzeichen", „Merkmal"; das, woran ein Ding als solches wiedererkannt wird. Im speziellen Fall ist das *lakṣaṇa* der ↗Dharmas ihre Prozeßhaftigkeit, ihr Entstehen, Bestehen und Vergehen. MMK 5.1-5,7; 7.1ff.; 11.7; 18.9; 25.4.

madhyamaka (auch: *mādhyamika*) wörtl.: „mittlerer". Gemeint ist ursprünglich der mittlere Weg oder die mittlere Lehre als gemäßigter, vernüftiger Mittelweg zwischen den Extremen: strengster Asketismus — wie ihn z.B. ein Zeitgenosse des Buddha, Mahāvīra, der Begründer des Jinismus, oder andere, in der Tradition der Upaniṣaden stehende Lehrer vertreten haben — und weltlicher Hedonismus — für den angeblich die Materialisten (Ājīvikas) einstanden.
Später ist damit die von Nāgārjuna initiierte philosophische Richtung gemeint, die mit Hilfe des Begriffes ↗*śūnyatā* (Leerheit) die philosophischen Extrempositionen des Realismus („alles ist") und des Nihilismus („es ist nichts") umgehen kann. Nāgārjuna gibt seine Definition der „mittleren Lehre" in MMK 24.18.

mahābhūtāni die „großen Elemente" (↗*dhātu*).

manas „Denken", „Denkvermögen".
1). Eine der sechs Sinnesfähigkeiten (↗*indriya*). Bei Nāgārjuna noch in der altertümlichen Form gebraucht, d.h. nur auf die Körpergestalt bezogen (MMK 3.1,8). Aus der Tatsache, daß *manas* in die Reihe der Sinnesfähigkeiten einbezogen wird, kann man zwei Dinge ersehen: a) *manas* stellte man sich — wie alle anderen Sinnesfähigkeiten — vor als eine Kraft, die aus dem entsprechenden Körperorgan austritt, den Gegenstand umgreift, erfaßt und in den Men-

schen hereinholt. Das Objekt von *manas* wird als ↗*dharma* bezeichnet. Dharma meint in diesem Fall die Eigenschaft (*svalakṣaṇa*) eines Gegenstandes, den „Begriff" von ihm, der es ermöglicht, ihn z.B. als „Stuhl" zu erkennen. Dieser „Begriff" wird als etwas dem Ding Anhaftendes (wie z.B. auch seine Farbe) verstanden (Candrakīrti, LVP 304,3, gibt als eine „etymologische" Erklärung von Dharma *svalakṣaṇadhāraṇa*, „Träger von Eigenschaften" an). b) Insofern *manas* als sechste und letzte Sinnesfähigkeit verstanden wird, umgreift sie alle anderen in sich und bildet somit den Ausgangspunkt für eine höhere Stufe. Deswegen wurde

2). *manas* in der Abhidharma-Theorie dem ↗*vijñāna*, einem der fünf ↗Skandha, zugeordnet, wozu dann dort auch die achtzehn ↗*dhātu* gehören.

mārga „Weg"; im speziellen Sinne „Erlösungsweg" (↗*āryāṣṭāṅgamārga*).

1). Jede Schule hat ihren eigenen Erlösungsweg entwickelt, bzw. auf der Grundlage des ↗*āryāṣṭāṅgamārga* den Erlösungsweg weiter ausgefaltet. Insofern sich Nāgārjuna mit seiner Kritik an die ↗Sarvāstivādin-Vaibhāṣikas richtet, genügt es, die Abschnitte des Erlösungsweges darzulegen, auf die er im siebzehnten Kapitel seiner MMK anspielt. Dieser Weg gliedert sich in fünf Stufen oder Abschnitte: (1) *saṃbhāramārga*, Sammeln von Verdienst, (2) *prayogamārga*, Übung, (3) *darśanamārga*, Schauen, (4) *bhāvanāmārga*, Meditation, (5) *aśaikṣamārga*, wörtl.: „Nicht-mehr-Schüler-sein", womit die Arhatschaft (↗*arhat*) gemeint ist.

2). Mit diesem System gekoppelt ist die Idee der vier Āryapudgala. Diese vier sind dann die Früchte (↗*phala*), die sich beim Durchlaufen der obengenannten fünf Abschnitte einstellen. So sind die ersten beiden Stufen Vorbereitungsstufen. Auf der dritten Stufe, dem *darśanamārga*, stellt sich die Frucht des „In den Strom Eingetretenen" (*srota-āpanna*) ein, auf der vierten Stufe, *bhāvanāmārga*, der Status als „Nur [noch] einmal Wiederkehrender" (*sakṛdāgāmin*) und als „Nicht mehr Wiederkehrender" (*anāgāmin*), bis schließlich auf der fünften Stufe, *aśaikṣamārga*, die Arhatschaft erlangt wird. Für eine detaillierte Darstellung des Weges s. Lamotte (1958): 677-686.

moha „Verblendung". Eines der drei Grundübel (↗*doṣa*). MMK 21.11; 23.1,7.

nāmarūpa „Name und Form". Umschreibung für die Persönlichkeit, die aus den fünf ↗Skandhas zusammengesetzt ist. Diese alte Zweiteilung bezieht sich auf die Persönlichkeit als sichtbare Erscheinungsform und ihre nicht sichtbaren Teile. Dabei entfällt auf *rūpa* der *rūpaskandha*, die restlichen vier gehören zum Bereich *nāma* (↗*skandha*). *nāmarūpa* bildet das vierte Glied des ↗Pratītyasamutpāda. MMK 26.2ff.

niḥsvabhāva, „ohne Eigensein seiend", bzw. *niḥsvabhāvatva* „die Tatsache, kein Eigensein zu haben". Die Dinge werden als *niḥsvabhāva*, d.i. „ohne Eigensein seiend", bezeichnet, bei Nāgārjuna ein Synonym für ihre Leerheit (↗*śūnyatā*). MMK 1.10; 13.3; 17.21; 22.16. Die Wesenlosigkeit der empirischen Person wird ↗*anātman* genannt. MMK 18.6; 22.3; 23.22.

nirvāṇa wörtl. „Verwehen", Verlöschen. Das buddhistische Erlösungsziel schlechthin. Mit Verlöschen ist das Aufhören des Kreislaufs der Wiedergeburten, mithin der eigenen Existenz gemeint. Gegensatz zu ↗*saṃsāra*. MMK 16.4,9f; 18.7; 21.17; 24.10; Kap. 25.

paramārthasatya „Wahrheit im höchsten Sinne". Gegensatz zu „verhüllter Wahrheit" (↗*saṃvṛtisatya*). Meint Leerheit (↗*śūnyatā*) als absolutes, d.h. nicht den Bedingungen unterworfenes Prinzip. MMK 24.8,10.

phala „Frucht", „Resultat", „Folge".

A). Im buddhistischen System das Bedingte, d.h. die Entsprechung zur Bedingung (↗*pratyaya*; vgl. auch die den Pratyayas zugeordneten sechs ↗*hetu*). Es gibt fünf „Früchte", die folgendermaßen den Pratyayas und ↗*hetu* zugeordnet sind (s. Rosenberg [1924]: 193, n. 12): (1) Der ersten Bedingung (*hetupratyaya*) entsprechen fünf Ursachen (↗*hetu*), die insgesamt die folgenden drei „Früchte" hervorbringen: (a) *puruṣakāraphala* „Frucht, die einer menschlichen Handlung ähnelt"; (b) *niṣyandaphala* „Frucht, die gleichartig bedingt ist"; (c) *vipākaphala* „Frucht als solche". (2) Die vierte Bedingung (*ādhipateyapratyaya*), der der verursachende Grund (*kāraṇahetu*, ↗*hetu*) entspricht, bringt die von allen anderen ungehinderte „allgemeine Frucht" (*adhipatiphala*) hervor. (3) Die fünfte Frucht ist die „Frucht der Isolierung" (*visaṃyogaphala*), die deswegen so genannt wird, weil sie keine Ursache hat.

B). Als Frucht werden auf dem Erlösungsweg (↗*mārga*) auch die vier edlen Persönlichkeiten (*āryapudgala*) angesehen. Diese sind der „In den Strom Eingetretene" (*srota-āpanna*), der „Nur [noch] einmal Wiederkehrende" (*sakṛdāgāmin*), der „Nicht mehr Wiederkehrende" (*anāgāmin*) und schließlich der „Heilige" (*arhat*). MMK 1.11-14; 8.5f.; 17.1,6-11,15,19,30,33; 20.1f.,4-17, 19-24; 21.15f.; 24.3,6,17, 27ff., 34f.

prapañca „Entfaltung", vgl. Einleitung zu Kap. 18; MMK 18.5,9; 22.15; 25,24.

Pratītyasamutpāda der Lehrsatz vom abhängigen Entstehen, der zwölf Glieder umfaßt: (1) *avidyā*, Unwissenheit, (2) *saṃskāra*, Tatabsichten, (3) *vijñāna*, Erkennen, (4) *nāmarūpa*, Name und Gestalt, (5) *ṣaḍāyatana*, der sechsfache Bereich, (6) *sparśa*, Berührung, (7) *vedanā*, Empfindung, (8) *tṛṣṇā*, Durst, (9) *upādāna*, Ergreifen, (10) *bhava*, Werden, (11) *jāti*, Geburt, (12) *jarāmaraṇa*, Altern und Sterben. In der traditionellen buddhistischen Interpretation gehören die Glieder 1-3 zu der vorherigen, die Glieder 4-9 zu der jetzigen und die Glieder 10-12 zu der zukünftigen Existenz. MMK Kap. 26.

pratyaya „Bedingung". Der ↗Abhidharma des Pāli-Kanons kennt vierundzwanzig Pratyayas, die in extenso im Abhidhammapiṭaka abgehandelt werden. Die Sanskrit-Tradition des Abhidharma nimmt nur vier Bedingungen an: (1) *hetu*, Grund, Ursache, (2) *ārambaṇa*, Stütze, Grundlage, (3) *anantara*, die unmittelbar vorhergehende Grundlage, (4) *ādhipateya*, der umfassende Grund. MMK 1.2-6,9; 15.1; 17.27f.; 20.1-4,8,23f.; 26.2,6.

pratyekabuddha wörtl. „Für-Sich-Buddha". Pratyekabuddhas leben als Erwachte nur für sich selbst und unerkannt; im Gegensatz zu den vollkommenen Buddhas lehren sie nicht und leben in völliger Abgeschiedenheit; vgl. die Einleitung zu Kap. 18. MMK 17.13 scheint dieser gängigen Definition jedoch zu widersprechen. MMK 18.12.

pudgala die Persönlichkeit, die aus den fünf ↗Skandhas zusammengesetzt ist. MMK 16.2.

Pudgalavādin wörtl. „Die eine Persönlichkeit (↗*pudgala*) lehren". So wird auch die Schule der ↗Saṃmatīyas genannt. Sie wurden heftig von allen buddhistischen Schulen kritisiert und der Häresie verdächtigt, eine ↗Ātman-Lehre zu vertreten; s. Dutt (1978): 184ff. Vgl. auch die Einführung in Kap. 16.

rāga „Leidenschaft", eines der drei Grundübel (↗*doṣa*).

rūpa „Gestalt", „Form". Einer der fünf ↗Skandhas. MMK 4.1-5,7; 23.7f.;26.4f.

ṣaḍāyatana der „sechsfache Bereich". Das fünfte Glied des ↗Pratītyasamutpāda. Gemeint ist der Bereich der sechs Sinnesfähigkeiten (↗*indriya*). MMK 26.3.

saṃjñā „Bewußtsein". Einer der fünf ↗Skandhas. MMK 4.7.

saṃkalpa „Vorstellung", „Ein-bildung" (vgl. die Einleitung zu Kap. 23); „Entschluß". Das zweite Glied des ↗*āryāṣṭāṅgamārga*. MMK 23.1.

Saṃmatīya ein Zweig der Vātsīputrīya, die eine Untergruppe der ↗*Sarvāstivādins* darstellen. Die Bedeutung ihres Namens ist nicht sicher; sie wechselt je nach dem, welche Etymologie man zugrunde legt. Der Name kann bedeuten: (1) „Diejenigen, die man achten muß" *saṃmatīya*, (2) „Diejenigen, die versammelt sind" *samitīya*, (3) „Diejenigen, die das rechte Maß darstellen" *saṃmitīya*, (4) „die Anhänger des Schulgründers Saṃmata". Zur Aufteilung und Zusammengehörigkeit der einzelnen buddhistischen Schulen s. Lamotte: *L'Histoire*, (1958) p. 578-606; zur detaillierten Darstellung dieser Schule s. Bareau (1955): 121-126. Die Saṃmatīyas interessieren in diesem Zusammenhang nur wegen ihrer Vergeltungslehre, auf die Nāgārjuna in MMK 17.12-20 anspielt. Diese Vergeltungslehre postuliert eine durch die Existenzen wandernde Persönlichkeit (↗*pudgala*) außerhalb der fünf ↗Skandhas. Es ist die sogenannte „nicht (näher) bezeichenbare Persönlichkeit" (*avaktavya pudgala*).

saṃsāra „Welt" im Sinne des Kreislaufs der Wiedergeburten und somit die Situation des leidvollen Gebundenseins der Lebewesen. Gegenteil von ↗*nirvāṇa*. S. auch Einleitung zu MMK Kap. 11. MMK 11.1,8; 16.10; 17.20; 25.19; 26.10; 27.19.

saṃskāra 1). „Tatabsicht", das zweite Glied des ↗Pratītyasamutpāda; einer der fünf ↗Skandhas. MMK 4.7; 23.23; 26.1f.,10f.
2). Die „Zusammensetzung", das Prinzip der *saṃskṛta*-Dharmas (↗Dharma). MMK 13.1.
3.) „(Karma schaffende) Tatabsichten". Auch synonym für die 5 ↗Skandhas (s. Schumann [1982]:93). MMK 16.1,4f.

saṃskṛta „zusammengesetzt". Damit wird die Kategorie der Dharmas bezeichnet, die aus den drei Zeiten (Entstehen, Bestehen und Vergehen) zusammengesetzt sind (↗Dharma, ↗*asaṃskṛta*). Im heilstechnischen Sinne auch „durch Karma bedingt/gewirkt" (vgl. Schumann [1982]: 92). Gegenteil von ↗*asaṃskṛta*.

saṃtāna „Reihe", „Kette"; speziell: „Strom des Bewußtseins" und von daher synonym gebraucht für Lebewesen. Bezeichnet die Dharmakette eines Lebewesens, die ihm individuelle Kontinuität verleiht (vgl. Rosenberg [1924]: 2/3f; Lamotte [1958]: 671ff.). MMK 17.7-10; 21.15f.; 27.22.

saṃvṛtisatya „Wahrheit im verhüllten Sinne". Gegensatz zu „Wahrheit im höchsten Sinne" (↗*paramārthasatya*). Meint ↗*śūnyatā* als Prinzip, das hinter allen Aussagen steht. Während alle Aussagen Entität vorspiegeln, gibt *śūnyatā* an, daß alles nur bedingt ist. Auf dieser Stufe der Argumentation ist *śūnyatā* gleich der Bedingtheit (↗*pratyaya*) aller Dinge. MMK 24.8.

Sarvāstivādin wörtl.: „Diejenigen, die lehren: alles ist (beständig)"; die berühmteste Schule des Hīnayāna-Buddhismus. Es geht hier nur um die für Nāgārjuna relevanten philosophischen Lehren, welche besagen: 1). Die Sarvāstivādins sind ontologische Pluralisten; d.h. für sie zerfällt das Substrat eines jeden bewußten Lebewesens in eine unbegrenzte Anzahl von Daseinsfaktoren (↗*dharma*). 2). Bei der Frage nach der Beziehung des Wesens des ewig existierenden Substrats (↗*dharma*) zu seinen momentanen Erscheinungen stellen sich die Sarvāstivādins auf den Standpunkt, daß das ewig existierende Wesen des Dharma außerhalb seiner empirisch faßbaren Erscheinungsform bleibt. Daher ihr Name, lehren sie doch, daß alle Dharmas unabhängig von ihrer momentanen Erscheinungsform ewig existierende Entitäten sind. Hinsichtlich dieser Realitätsauffassung gibt es für die Sarvāstivādin keine Differenzierung zwischen den einzelnen Dharmakategorien. Genau gegen diesen Wesenspluralismus, gegen diese Art Wesensauffassung (↗*svabhāva*), welche die Unabhängigkeit von Wesen und Attribut unterstellt, zieht Nāgārjuna in seinen MMK zu Felde.

Sautrāntika eine Untergruppe der ↗*Sarvāstivādins*. Insofern sie als einzige Autorität nur das Sūtrapiṭaka (den „Korb", d.h. die Abteilung, der Lehrtexte) anerkennen, nicht aber Vinaya und ↗Abhidharma, werden sie Sautrāntikas genannt. Da sie ferner lehren, daß alle fünf ↗Skandhas „hinübergehen" (*saṃkram*) in eine neue Existenz, werden sie auch Saṃkrāntivādin genannt. Die Sautrāntikas kritisieren die von den Sarvāstivādins vertretene Meinung, daß das Wesen der Dharmas unabhängig von ihren Erscheinungen in den drei Zeiten existiert. Dagegen behaupten sie, daß nur die Dharmas, die momentan in Erscheinung treten, wirklich seien, daß es aber in der Gegenwart keine vergangenen oder zukünftigen Dharmas gebe; dennoch *waren* die vergangenen Dharmas *real*, wie auch die zukünftigen *real* sein *werden*. Sie sind somit die klassischen Vertreter der Augenblickstheorie. Gegen diese Augenblickstheorie polemisiert Nāgārjuna, weil der Zeitpunkt — wie auch der Raumpunkt — nicht bestimmbar ist; denn „Gegenwart" läßt sich wieder in Vergangenheit, Gegenwart und Zukunft zerlegen (vgl. MMK Kap. 2).

skandha „Gruppe" (auch *upādānaskandha* „Gruppe des Ergreifens"), gemeint sind die fünf Gruppen oder Konstitutionsmomente, die die Persönlichkeit, das menschliche Lebewesen bilden: (1) *rūpa*, Körpergestalt, (2) *vedanā*, Empfindung, (3) *saṃjñā*, Bewußtsein, (4) *saṃskāra*, Tatabsicht, (5) *vijñāna*, Erkennen.

Während *rūpa* die sichtbare Seite der Persönlichkeit darstellt, sind die restlichen vier die nichtgestalthaften Skandhas, die unter dem Bereich *nāma* zusammengefaßt werden. *nāmarūpa* ist lediglich eine andere Bezeichnung für die fünf Skandhas. Unter dem Aspekt der Einheit werden sie auch *pudgala*, Persönlichkeit, genannt. MMK 16.2; 21.20; 22.1f.,5f.; 26.8; 27.22ff.

sparśa „Berührung". Meint einmal den Tastsinn, aber dann auch die Berührung, den Kontakt im allgemeinen, dem die Persönlichkeit im Bezug zur Außenwelt unterliegt. Das sechste Glied des ↗Pratītyasamutpāda. MMK 23.7f.; 26.5.

śrāvaka „Hörer" [der Lehre]. MMK 17.13; 18.12.

śūnya „leer", bzw. *śūnyatā* „Leerheit". Gemeint ist, daß empirische Personen keinen ↗Ātman (↗*anātman*) und die Dinge kein Wesen haben (*niḥsvabhāvatā*, ↗*niḥsvabhāva*). Hätten sie ein Wesen (↗*svabhāva*), unterlägen sie nicht der Veränderung. MMK 4.8f.; 13.2f.,8; 17.20; 18.5; 24.6f.,11,13f.,18,22, 36f.

svabhāva „Eigensein", „Wesen", „Eigennatur"; das, was ein Ding wesensmäßig unveränderlich bestehen läßt. Von Nāgārjuna abgelehnt (↗*śūnyatā*). MMK 1.3; 7.16; 13.4; 15.1-4,6,11; 17.22; 20.21; 21.17; 22.2,4,9,14,16; 23.2,6,24f.; 24.16,22f.,26,28,32f.,38.

Tathāgata wörtl.: Der „So-Gegangene" (*tathā-gata*) oder der „So-Gekommene" (*tathā-āgata*). Selbstbezeichnung des Gautama Siddhārtha, um anzudeuten, daß die Aussagen, die er über einen Sachverhalt macht, nicht seine Meinung oder seine Lehre wiedergeben, sondern eine „unpersönliche" Aussage darstellen. Späterhin ist Tathāgata eine Bezeichnung für das Wesen „Buddha" oder die Buddhanatur, die allen Menschen irgendwie einwohnen muß oder an der sie irgendwie teilhaben müssen, weil jedes Lebewesen ein Buddha werden kann. MMK Kap. 22.

tiryak wörtl.: „gekrümmt"; „Tier". Einer der schlechten Wiedergeburtsbereiche (↗*gati*).

tṛṣṇā „Durst"; „Verlangen". Nach Siddhārtha Gautama Ursache für die Entstehung des Leides (*duḥkhasamudaya*, ↗*āryasatya*). Das achte Glied des ↗Pratītyasamutpāda. MMK 17.28, 26.6.

upādāna das „Ergreifen". Gemeint ist die aktive Bewegung des „Subjekts" (↗*pudgala*) hin zur Außenwelt. Dies geschieht mittels der fünf ↗Skandhas, wodurch einmal die „Welt" als Objekt, zum anderen der „Ergreifende" als Subjekt konstituiert werden als scheinbar je verschiedene Entitäten. Neuntes Glied des ↗Pratītyasamutpāda. Durch das Ergreifen bindet sich das „Subjekt", und es erleidet eine neue Wiedergeburt. MMK 3.7; 8.13; 10.15; 16.3,6,9; 18.4; 22.7-10; 26.6ff.; 27.4-8,27.

upādānaskandha ↗*skandha*.

Vaibhāṣika die Weiterentwicklung der Schule der ↗Sautrāntikas, die wiederum eine Untergruppe der ↗Sarvāstivādins ist. Deswegen wird diese Schule bisweilen auch Sarvāstivādin-Vaibhāṣika genannt. ↗*mārga* 1.

vāc „Rede", „Stimme", „Sprache". Zur Trias „Körper" (*kāya*), „Rede" (*vāc*) und „Geist" (*citta*) ↗*karman*.

vedanā „Empfindung". 1). Das siebte Glied des ↗Pratītyasamutpāda . 2). Einer der fünf ↗Skandhas. MMK 4.7; 9.1,3,10f.; 11.7; 26.5f.

vijñāna „Erkennen". Die Fähigkeit, die die Bedingung zur Möglichkeit, Erkenntnisse zu gewinnen, darstellt. 1). Drittes Glied des ↗Pratītyasamutpāda.

2). Einer der ↗Skandhas. 3). In sechsfacher Weise das Bewußtsein der einzelnen sinnlichen Wahrnehmungen und somit zu den achtzehn ↗*dhātu* gehörig. MMK 3.7; 26.2,4f.

vikalpa „Vorstellung". Begrifflich unterscheidende Tätigkeit von ↗*vijñāna*, deren Ergebnisse als reale Sachverhalte dem Bewußtsein vorspiegeln, es gäbe substantiell unterscheidbare Dinge. MMK 4.5; 18.5.

viṣaya „Objekt". Ein sechsfacher Objektbereich, der den sechs Sinnesfähigkeiten (↗*indriya*) entspricht: (1) *rūpa*, Gestalt, Form, (2) *śabda*, Laut, (3) *gandha*, Geruch, (4) *rasa*, Geschmack, (5) *kāya*, Körper, (6) *dharma*, „Begriff".

Deutsch — Sanskrit

abhängiges Entstehen	*pratītyasamutpāda*
Anhaftung	*kleśa*
Bedingung	*pratyaya (Pratītyasamutpāda)*
Befleckung	*kleśa*
Bewegung	*gati*
Bewußtsein	*vijñāna, saṃjñā*
Bewußtseinsstrom	*saṃtāna*
Denken	*manas*
Ding	*artha, bhāva*
Durst	*tṛṣṇā*
Eigensein	*svabhāva*
Element	*dhātu*
Entfaltung	*prapañca*
Ergreifen	*upādāna*
Erkennen	*vijñāna*
Erkenntnis	*vijñapti*
Erlösung	*mārga, nirvāṇa*
Frucht	*phala*
Gang	*gati*
Gegebenheit	*dharma*
Geist	*citta*
Gesetz	*dharma*
Gott	*deva*
Grund	*kāraṇa, hetu*
Gruppe des Ergreifens	*skandha*
Handlung(svollzug)	*karma*
Heiliger	*Arhat*
Hörer	*śrāvaka*
Karmapfad	*karmapatha, kuśaladharma*
Kennzeichen	*dharma, lakṣaṇa*
Leere	*śūnya*

LITERATURHINWEISE

Ausgaben und Übersetzungen der Mūlamadhyamaka-Kārikās
auch einzelne Kapitel, auch als Bestandteile des Kommentars „Prasannapadā (Madhyamakavṛtti)" von Candrakīrti

Mūlamadhyamakakārikās (Mādhyamikasūtras) de Nāgārjuna avec la Prasannapadā, commentaire de Candrakīrti (Bibliotheca Buddhica, IV). Publié par Louis de La Vallée Poussin. St.Pétersbourg [1]1903-1913 (Neuausgabe Osnabrück 1970; Reprint Delhi 1992).

Die grundlegende Textausgabe.

Mūlamadhyamakakārikāḥ. Ed. by J.W. de Jong. Adyar, Madras 1977.

Neuausgabe der Kārikās aufgrund eines nepalesischen Manuskripts. Die korrigierten Lesungen gegenüber der Textausgabe von de La Vallée Poussin sind diskutiert in: Jong, J. W. de: *Textcritical Notes on the Prasannapadā*, in: IIJ 20 (1978): 25-59, 217-252. Beide Arbeiten von de Jong sind besprochen von Seyfort Ruegg, David, in IIJ 22 (1980): 247-249.

Madhyamakaśāstra of Nāgārjuna. With the Commentary: Prasannapadā by Candrakīrti. Edited by P.L. Vaidya (Buddhist Sanskrit Texts, No. 10). The Mithila Institute of Post-Graduate Studies and Research in Sanskrit Learning: Darbhanga 1960.

Basiert auf der Ausgabe von de La Vallée Poussin.

Chatterjee, Heramba Nath: *Mūla-Madhyamaka-Kārikā of Nāgārjuna* Part I (Chapters I-V). Calcutta 1957. Part II (Chapters VI & XIII). Calcutta 1962.

Garfield, Jay L.: *The Fundamental Wisdom of the Middle Way — Nāgārjuna's Mūlamadhyamakakārikā*. Translation and Commentary. Oxford University Press: New York/ Oxford 1995.

Gnoli, Raniero: *Nāgārjuna. Le stanze del cammino di mezzo...* Torino 1961: 37-139.

Hopkins, Jeffrey: *Analysis of Going and Coming. The second chapter of Candrakīrti's Clear Words, a commentary of Nāgārjuna's Treaties on the Middle Way*. Translated by Jeffrey Hopkins in accordance with an introduction from Kensur Nawang Lengden. Dharamsala 1974.

Inada, Kenneth: *Nāgārjuna. A Translation of his Mūlamadhyamakakārikā with an Introductory Essay*. Tokyo 1970.

Jong, J.W. de: *Cinq Chapitres de la Prasannapadā*. Paris 1949. [Kap. 18-22].

Kalupahana, David: *Nāgārjuna. The Philosophy of the Middle Way*. New York 1986.

Besprechung von P. Williams in JRAS 153 (1987): 362-366.

Lindtner, Christian: *Nāgārjunas filosofiske værker* (Indiske Studier, 2). København 1982, S. 177-215. [Sanskrit und Dänisch].

Lamotte, Étienne: *Madhyamakavṛtti XVIIe Chapitre: Examen de l'acte et du fruit*. In: MCB 4 (1936): 265-288.

Mabbet, I.W.: *An Annotated Translation of Chapter XVI of Candrakīrti's Prasannapadā*. In: Journal of Ancient Indian History, 15, 1-2 (1984-85): 47-84.

Mabbet, I.W.: *An Annotated Translation of Chapters XII and XIV of Candrakīrti's Prasannapadā*. In: Journal of the Department of Pali, University of Calcutta, 4 (1987-88): 113-146.

May, Jaques: *Candrakīrti, Prasannapadā Madhyamakavṛtti*. Douze chapitres traduits... Paris 1959. [Kap. 2-4, 6-9, 11, 23, 24, 26, 27].
Besprechung von J.W. de Jong in IIJ 5 (1961): 161-163.

Narendradeva: *Madhyamakaśāstra*. With the Commentary Prasannapadā by Candrakīrti & with Hindi Summary. Varanasi 1983. Bauddha Bharati Series, 16.

Pandeya, Ram Chandra u. Manju: *Nāgārjuna's Philosophy of No-Identity*. With Philosophical Translations of the Madhyamaka-kārikā, Śūnyatā-Saptati and Vigrahavyāvartanī. Delhi 1991.

Pandeya, Raghunath: *The Madhyamakasastram of Nagarjuna*. Vol. II (With the commentaries: Akutobhaya by Nagarjuna, Madhyamakavrtti by Buddhapalita, Prajnapradipavrtti by Bhavaviveka and Prasannapada by Candrakirti. Text in Sanskrit and Commentaries restored from Tibetan Texts). (o.O., o.J.).
Nicht eingesehen, Fundstelle: MLBD Newsletter Vol. XI, 10. Oktober 1989.

Saigusa, Mitsuyoshi (Hrsg.): *Nāgārjuna's Mūlamadhyamakakārikās*. Texts and Translations. Tokyo 1985.
Text in Sanskrit, zwei tibetischen und zwei chinesischen Fassungen sowie in japanischer Übersetzung.

Schayer, Stanislaw: *Feuer und Brennstoff, ein Kapitel aus dem Mādhyamika-Śāstra des Nāgārjuna mit der Vṛtti des Candrakīrti*. RO 7 (1930): 26-52. [Kap. 10].

Schayer, Stanisław: *Ausgewählte Kapitel aus der Prasannapadā (V, XII, XIII, XIV, XV, XVI)*. Einleitung, Übersetzung und Anmerkungen. Krakowie 1931.

Schumann, Hans Wolfgang: *Buddhismus. Stifter, Schulen und Systeme* (Diederichs Gelbe Reihe, Bd. 99). 3. Aufl. der neubearb. Ausgabe. München 1995, Auswahlübersetzung der MMK auf den S. 195-212.

Schumann, Hans Wolfgang: *Mahāyāna-Buddhismus. Das Große Fahrzeug über den Ozean des Leidens* (Diederichs Gelbe Reihe, Bd. 114). Überarbeitete Neuausgabe. München 1995, Auswahlübersetzung der MMK auf den S. 65-74.

Sprung, Mervin: *Lucid Exposition of the Middle Way. The Essential Chapters from the Prasannapadā of Candrakīrti*. Transl. from the Sanskrit. London 1979.

Stcherbatsky, Theodore: *The Conception of Buddhist Nirvāṇa* (With Sanskrit Text of Madhyamaka-Kārikā). Reprint Delhi 1978 (Leningrad [1]1927). [Kap. 1, 25].

Streng, Frederick: *Emptiness. A Study in Religious Meaning*. Nashville 1967.
Besprechung von A. Wayman in JAOS 89 [1969]: 141-152.

Walleser, Max: *Die mittlere Lehre des Nāgārjuna. Nach der tibetischen Version übertragen*. Heidelberg 1911.

Walleser, Max: *Die mittlere Lehre des Nāgārjuna. Nach der chinesischen Version übertragen*. Heidelberg 1912.

Mehlig, Johannes (Hrsg.): *Weisheit des alten Indien*. 2 Bde. Leipzig, Weimar 1987, beinhaltet im zweiten Band buddhistische Werke im Nachdruck bereits vorhandener Übersetzungen, unter anderem auch die deutsche Übersetzung der MMK durch Walleser, wenn auch in gekürzter Form.

Yamaguchi, Susumu: *Index to the Prasannapadā Madhyamaka-vṛtti*. (2 Bde.) Part I: Sanskrit-Tibetan; part II: Tibetan-Sanskrit. Kyoto 1974.

Zitierte Literatur

Aṅguttara-Nikāya. Die Lehrreden des Buddha aus der Angereihten Sammlung. Neue Gesamtausgabe in 5 Bänden. Aus dem Pāli übersetzt von Nyanatiloka. 3. rev. Neuauflage, Köln 1969.

Apte, K.V.: *Going? You cannot go! (an exposition of Nāgārjuna's Madhyamaka-kārikā. Chap. II)*. Journal of Shivaji University (Kolhapur), 4 (1971): 43-59.

Back, Dieter: *Vijñāna: eine Anmerkung zur buddhistischen Erkenntnislehre*. In: Études asiatiques/Asiatische Studien 41,2 (1987): 83-91.

Bareau, André: *Les Sectes Bouddhiques du Petit Véhicule* (Publication de l'École Française d'Extreme-Orient, XXXVIII). Saigon 1955.

Bareau, André: *Der indische Buddhismus*, in: *Die Religionen Indiens III, Buddhismus — Jinismus — Primitivvölker* (*=Die Religionen der Menschheit*, Bd. 13). Stuttgart 1964, S. 1-215.

Betty, Stafford L.: *Nāgārjuna's masterpiece — logical, mythical, both, or neither?* PEW 33 (1983): 123-138.

Betty, Stafford L.: *Is Nagarjuna a philosopher? Response to Professor Loy*. PEW 34 (1984): 447-450.

Dharmasaṃgraha. The Dharma-saṃgraha. An Ancient Collection of Buddhist Technical Terms. Prepared for publication by Kenjiu Kasawara and after his death edited by F. Max Müller and H. Wenzel. Oxford 1885.

Dutt, Nalinaksa: *The Brahmajāla Sutta in the Light of Nāgārjuna's expositions*. IHQ 8 (1932): 706-746.

Dutt, Nalinaksha: *Buddhist Sects in India*. Delhi [2]1978.

Fehér, Judit: *Buddhapālita's Mūlamadhyamakavṛtti. Arrival and Spread of Prāsaṅgika-Mādhyamika Literature in Tibet*. In: Louis Ligeti (ed.): *Tibetan and Buddhist Studies*. Vol. 1. Budapest 1984: 211-240.

Fenner, Peter: *A Study of the Relationship between Analysis (vicāra) and Insight (prajñā) Based on the Madhyamakāvatāra*. JIP 12 (1984): 139-197.

Frauwallner, Erich: *Abhidharma-Studien*. WZKSO 7 (1963): 20-36; 8 (1964): 59-99; 15 (1971): 69-121; 16 (1972): 95-152; 17 (1973): 97-121.

Girndt, Helmut: *Madhyamaka, der ‚Mittlere Weg' des Nāgārjuna*. In: Braun, H.-J./ Krieger, D.J. (ed.): *Indische Religionen und das Christentum im Dialog*. Zürich 1986: 119-147.

Guenther, Herbert V.: *Philosophy and Psychology in the Abhidharma*. Lucknow 1957.

Kajiyama, Yuichi: *Bhāvaviveka's Prajñāpradīpaḥ* (1. Kapitel). WZKSO 7 (1963): 37-62; 8 (1964): 100-130.

La Vallée Poussin, Louis de: *L'Abhidharmakośa de Vasubandhu*. Traduction et annotations. 6 Vols. Bruxelles. MCB XVI, 1971 (Réimpr.; Paris [1]1923-31).

Lamotte, Étienne: *Histoire du bouddhisme Indien, des origines à l'ère Śaka* (Bibliothèque du Muséon 43). Louvain 1958 ([2]1967). Englische Übersetzung: *History of Indian Buddhism*. Transl. from French by S. Webb-Boin, under the supervision of J. Dantinne (Publications de l'Institute Orientaliste de Louvain 36). Louvain-la-Neuve 1988.

Lamotte, Étienne: *Le traité de la grande vertu sagesse de Nāgārjuna. Mahāprajñāpāramitā-Śāstra*. 5 tomes (Publication de l'Institut orientaliste de Louvain 2, 12, 24, 25, 26). Louvain 1970-1981.

Lamotte, Étienne: *L'enseignement de Vimalakīrti [Vimalakīrtinirdeśa]*, Louvain 1962.

Loy, David: *How not to criticize Nāgārjuna? A response to L. Stafford Betty*. PEW 34 (1984): 437-445.

Mabbett, I.W.: *Nāgārjuna and Zenon in Motion*. PEW 34 (1984): 401-420.

McEvilley, Thomas: *Early Greek Philosophy and Mādhyamika*. PEW 31 (1981): 141-164.

Murti, T.R.V.: *The Central Philosophy of Buddhism. A Study of the Mādhyamika System*. London 1955.

Murti, T.R.V.: *Nāgārjuna's Refutation of Motion and Rest*. Philosophical Quarterly (Amalner) 9 (1933/34): 191-200. In: Coward, G.H. (ed.): *Studies in Indian Thought*. Delhi 1983: 154-420.

Robinson, Richard H.: *Early Mādhyamika in India and China*. Madison 1967.

Rosenberg, Otto: *Die Probleme der buddhistischen Philosophie* (MKB 7/8). Heidelberg 1924.

Seyfort Ruegg, David: *The Literature of the Madhyamaka School of Philosophy in India* (A History of Indian Literature, VII,1). Wiesbaden 1981.

Seyfort Ruegg, David: *The Uses of the Four Positions of the catuṣkoṭi and the Problem of Description of Reality in Mahāyāna Buddhism*. JIP 5 (1977): 1-71.

Saṃyutta-Nikāya. Die in Gruppen geordnete Sammlung aus dem Pāli-Kanon der Buddhisten. Zum ersten Mal ins Deutsche übertragen von Wilhelm Geiger. 2. Bd. München-Neubiberg 1925.

Siderits, Mark /O'Brien, Cevin J.: *Zeno and Nāgārjuna on motion*. PEW 26 (1976): 281-299.

Staal, J. Frits: *Making Sense of the Buddhist Tetralemma*. In: Lewis, H.D. (Hrsg.): *Philosophy East and West*. Bombay 1976: 122-131.

Sturm, Hans P.: *Weder Sein noch Nichtsein — Der Urteilsvierkant (catuṣkoṭi) und seine Korollarien im östlichen und westlichen Denken*. Diss. Augsburg 1995.

Vasubandhu s. La Vallée Poussin.

Vetter, Tilmann: *Die Lehre Nāgārjunas in den Mūla-Madhyamaka-Kārikās*. In: Oberhammer, G. (Hrsg.): *Epiphanie des Heils. Zur Heilsgegenwart in indischer und christlicher Religion. Arbeitsdokumentation eines Symposiums* (Publications of the De Nobili Research Library, 9). Wien 1982: 87-108.

Wayman, Alex: *Who understands the four alternatives of Buddhist texts?* PEW 27 (1977): 3-21.

Yamaguchi, Susumu: *Nāgārjuna's Mahāyānaviṃśaka*. In: Eastern Buddhist (Tokyo), 4 (1925): 56-72. 5 (1927): 169-176.

Allgemein einführende Literatur zum Buddhismus ist angegeben in:

Meisig, Konrad: *Klang der Stille. Der Buddhismus* (Kleine Bibliothek der Religionen, Bd. 1). Freiburg 1995.

Schumann, Hans Wolfgang: *Buddhismus. Stifter, Schulen und Systeme* (Diederichs Gelbe Reihe, Bd. 99). 3. Aufl. der neubearb. Ausgabe, München 1995.

Weitere Literatur zu Nāgārjuna in:

Schumann, Hans Wolfgang: *Mahāyāna-Buddhismus. Das Große Fahrzeug über den Ozean des Leidens* (Diederichs Gelbe Reihe, Bd. 114). Überarbeitete Neuausgabe, München 1995.

Lindtner, Christian: *Nagarjuniana. Studies in the Writings and Philosophy of Nāgārjuna*. Copenhagen 1982.

Pfandt, Peter: *Mahāyāna Texts translated into Western Languages*. A Bibliographical Guide. Rev. ed. with Supplement, Bonn 1986.

Seyfort Ruegg, David: *The Literature of the Madhyamaka School of Philosophy in India* (A History of Indian Literature, VII,1). Wiesbaden 1981.

Abkürzungsverzeichnis

AK	Abhidharmakośa des Vasubandhu, ed. La Vallée Poussin.
AN	Aṅguttara-Nikāya, Ausgabe der Pali Text Society, Übersetzung Nyanatiloka
Divy	Divyāvadāna, ed. E.B. Cowell, R.A. Neil, Cambridge 1886.
Edgerton	Franklin Edgerton: *Buddhist Hybrid Sanskrit Grammar and Dictionary*. Vol. 2: *Dictionary*. New Haven 1952.
IHQ	Indian Historical Quarterly (Calcutta).
IIJ	Indo-Iranian Journal
JIP	Journal of Indian Philosophy (Dordrecht).
JAOS	Journal of the American Oriental Society (New Haven).
JRAS	Journal of the Royal Asiatic Society of Great Britain and Ireland (London).
MCB	Mélanges chinoises et bouddhiques (Bruxelles).

MKB	Materialen zur Kunde des Buddhismus (Heidelberg).
MMK	Mūlamadhyamakakārikā(s).
MN	Majjhima-Nikāya, Ausgabe der Pali Text Society
PEW	Philosophy East and West (Honolulu).
RO	Rocznik Orjentalistyczny (Lwów).
SN	Saṃyutta-Nikāya, Ausgabe der Pali Text Society, Übersetzung W. Geiger.
WZKSO	Wiener Zeitschrift für die Kunde Süd- (und Ost-)Asiens (Wien).
↗	Verweist auf den Sanskritindex.